KB233994

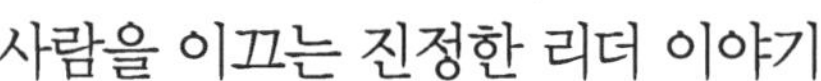

리딩 파워

사람을 이끄는 진정한 리더 이야기

리딩 파워

서정하 지음

LEADING
POWER

이담 Books

추천하는 글

영혼을 파고드는 리더십 큐Cue

리더십 이론을 만드는 일과 그 이론의 내용을 현장의 리더들이 받아들이도록 하는 것은 별개의 과제다. 리더십 이론가들이 항상 어려움을 겪는 것은 이론의 현실화 단계다. 교육과 훈련을 해보기도 하고 코칭을 해보기도 하지만 효과는 명확하지 않다. 서정하 박사의 『리딩 파워』는 리더십의 개념이 무엇인지를 흥미로운 이야기를 통하여 전달함으로써 독자들에게 영적 감흥을 불러일으킨다. 라이언 킹과 라이언 퀸의 이야기, 드라마에서 만났던 미실과 클레오파트라의 비교, 독(毒, 獨, 督)한 리더 이야기, 영화 <300>에 나오는 크세르크세스와 레오니다스의 부하관 비교 등은 말과 글로는 백번 설명해도 이해하기 어려운 리더십 개념의 핵심을 육감적으로 받아들이게 하는 큐Cue를 제공한다. 서 박사의 글에는 복잡한 모델이나 추상적 이론이 없다. 그러나 현장 리더들의 영혼에 직접 파고드는 날카로운 화살을 당김으로써 어느 교육과정보다 효과적이고 어느 코칭프로그램보다 더 강력한 임팩트를 느끼게 한다. 이 책에 나오는 16편의 단편은 현장 리더들이 반드시 읽어야 하는 리더십의 바이블이다.

– 백기복, 국민대학교 경영학과 교수

그동안 삼성SDS의 웹진 HRDream에 인기리에 연재된 서정하 박사의 칼럼을 읽으며, 하루 빨리 단행본으로 출판되기를 고대했다. 서정하 박사의 글은 실무적인 면과 학문적인 면이 잘 조화되어 있다. 대학에서의 교수경험과 실무현장에서의 컨설팅 및 교육훈련의 경륜이 글의 구석구석 배어 있어, 읽는 이로 하여금 흥미와 지식을 동시에 얻게 해준다. 리더십에 관심을 가지고 있는 모든 분에게 일독을 권한다.

– 최연, 홍익대학교 상경대학장

서정하 박사의 글을 읽으면 평범한 일상의 이야기로부터 아주 특별한 리더십 이야깃거리를 만들어내는 재주가 많은 분이라는 생각이 든다. 평범한 드라마나 영화, 다큐 속에 숨어 있는 이야기를 누에고치에서 명주실을 빼내 비단옷을 만들듯이 폐부를 찌르는 리더십 이야기로 만들어 냈다. 이는 아마도 서정하 박사가 한국의 리더와 리더십이 발휘되는 상황에 대한 리더십 이슈를 누구보다 정확하게 파악하고 있기 때문일 것이다.

이야기 중간 중간에 등장하는 한국의 리더십 프로그램과 리더들에 대한 정곡을 찌르는 분석, 통찰력 있는 제안들도 흥미진진하다. 아무쪼록 많은 사람들이 서정하 박사의 글을 읽어서 '진정한 리더로 가득 찬 더 나은 세상'을 향하여 신성한 차이를 만들어가는 일에 일조했으면 한다.

– 윤정구, 이화여자대학교 경영학과 교수

리딩 파워(Leading Power)_사람을 이끄는 진정한 리더 이야기

리더십은 인류의 영원한 주제이며 이야깃거리다. 서정하 박사의 글은 우리 주위에서 만날 수 있는 인물들의 리더십을 생각하게 하고, 리더로서의 나의 삶을 돌아볼 수 있는 계기를 제공해준다. 좋은 리더십 도서를 만날 수 있다는 것이 개인적으로 너무 기쁘다.

– 이광현, 고려대학교 경영학과 교수

조직생활을 하면서 리더십의 중요성에 대해 느껴보지 않은 사람은 없을 것이다. 특히 리더의 입장에 있는 사람들은 리더십 발휘가 쉽지 않은 과제라는 것을 알고 있다. 그래서 많은 사람들이 효과적인 리더십을 개발하고 실천하는 데 많은 관심을 보이고 있다. 이 책은 이러한 관심을 충족시켜줄 수 있는 책으로, 리더십을 실천해야 하는 실무자들에게 유용한 정보를 제공하고 있다. 또한 리더십의 이론을 사례를 이용하여 쉽게 설명하고 있어 리더십 개발에 활용하기가 용이하다.

– 박노윤, 성신여자대학교 경영학과 교수

흥미로운 사례를 읽다 보면 리더십에 대한 통찰력을 얻게 된다. 이것이 이 책의 가치라고 생각한다. 리더십 이론으로 무장한 저자가 실무교육의 경험을 방법론 삼아 '어떻게 하면 쉽게 리더십 메시지를 전달할까?'를 끊임없이 고민한 흔적을 엿볼 수 있다.

– 임효창, 서울여자대학교 경영학과 교수

리더십은 지능인 동시에 습관일 수 있다. 이 책은 잠재력을 개발하려는 다수의 관리자들에게 그들의 리더십 지능을 일깨우고 성공하는 습관을 배양하도록 방향감을 제시할 만한 아주 좋은 책이다.

- 강대석, 인하대학교 경영학과 교수

리더십에 관한 책을 추천해 달라는 이야기를 들을 때마다 주로 외국인들이 쓴 책들을 추천하곤 했다. 먼 나라의 이야기처럼 느껴졌던 리더십 이야기가 어느덧 손안의 리더십으로 다가왔다. 이 책은 서정하 박사의 풍부하고 깊이 있는 인문학적 소양으로부터 탄생한 새로운 리더십 이야기다.

- 김찬배, C-TECH연구소장·경영학박사

머리말

"Everything is Kunfu^{모든 것이 쿵후다}."

이 말은 아시아의 월드스타 청룽^{성룡}과 할리우드의 월드스타 윌 스미스의 아들 제이든 스미스가 투톱^{two-top}으로 주연한 2010년 영화 〈베스트 키드The Karate Kid〉에 나오는 대사다. 모든 것이 쿵후와 연관이 있다는 말로, 쿵후는 어느 하나 소홀히 할 것 없이 다 중요하며 오랜 시간에 걸쳐 완성해 간다는 심오한 뜻을 내포한 말일 것이다.

리더십도 마찬가지다. '리더십에 대한 정의는 리더십을 연구하는 학자의 수만큼 많다'는 리더십의 대가 버나드 배스^{Bernard Bass} 교수의 주장처럼 리더십을 한마디로 깔끔하고 멋들어지게 정의하는 것은 쉽지가 않다. 이론이라고는 하지만 딱히 정답도 없다. 리더십은 경영자만 발휘하는 것이 아니라 일반인, 자유인들이 삶을 살아가는 동안 생각하고, 말하고, 행동하는 모든 과정을 포함하기 때문이다. 즉 리더의 특성이 다르고, 리더의 리더십 스타일이 다르고, 또한 그 리더십의 대상이 다르고, 리더와 리더십 대상을 둘러싼 환경까지 다르다. 장소·시간·추종자·환경을 포함한 리더를 둘러싼 변수들은 주지하다시피 너무 많고 다양하다. 때문에 리더십의 의미를 한마디로 통일해서 정리할 수 없는 것이다.

답이 하나인 수학 문제나 체계적인 과정을 거치는 과학 문제처럼 보편적이거나 일반적이지도 않거니와 시대와 장소를 초월한 최적의 방법도 없다. 그래서 더더욱 다이내믹할 수밖에 없다. 쉽게 말하자면 리더십은 어느 유명 개그맨의 멘트처럼 '그때그때 달라요'다.

그럼에도 불구하고 시대와 장소를 가리지 않고 많은 사람들이 긍정적인 평가를 내리고, 추종하고 존경하는 리더들은 분명 있다. 그들의 특징은 다음 몇 가지로 축약할 수 있다.

첫째, 사람에 대한 배려와 존중이 목표달성보다 우선한다. 흔히 숭고한 결정을 지칭하기도 한다. 둘째, 리더의 개인적인 목표가 아니라 조직과 구성원 중심의 목표를 세운다. 독재적 리더와 민주적 리더의 대비로 이해하면 쉽다. 셋째, 리더십의 목적과 방법이 선하다. 빈 라덴의 목적은 적어도 그의 집단에게는 선하다고 볼 수 있겠지만 방법이 선하지 않다. 오센틱 리더authentic leader는 빈 라덴과 반대되는 숭고한 이타적, 윤리적 리더라고 할 수 있다. 넷째, 위기를 두려워하지 않는다. 오히려 위기를 도전의 기회로 반전시킨다. 고故 정주영 회장의 동전에 그려진 거북선 그림과 한국 최초 조선사업 수주에 관한 비하인드 스토리를 기억할 것이다. 하고자 하는 자에게 위기는 단지 넘어야 할 장애물이지, 정지 사인sign이 아니다. 다섯째, 적극적이며 창의적으로 변화를 주도한다. 애플의 스티브 잡스. 그 이름만으로 리더에게 '창의'와 '변화'가 얼마나 중요한지를 설명하기에 충분하지 않은가?

대학과 기업에서 13년여 간 리더십을 연구하고 교육하며, 느끼고 성찰한 것들을 드디어 한 권의 책으로 엮었다. 부족하고 미흡한 칼럼들의 결론은 묘하게도 하나로 집약되어 있었다. 리더는 하루아침에 결코 등장하지 않으며, 끊임없이 도전하는 자기계발자이며, 선한 목표를 향해 자신의 영향력을 발휘하여 추종자들이 자발적으로 따라오게 만드는 사람이라는 것이다. 강제나 협박, 폭력(언어적·물리적 폭력), 비열한 계략과 권모술수를 일삼는 사람은 리더가 아니라 권력을 무절제하게 휘두르는 잠재적 피의자일 뿐이다.

2010년 한 해를 보내면서 삼성SDS의 HRDream 웹매거진에 2년간 연재했던 리더십 칼럼들을 정리해서 책으로 출간할 수 있게 된 것을 하나님께 감사드린다. 또 좋은 글들을 쓸 수 있는 환경을 허락하신 글로벌 기업 삼성SDS에도 감사드린다.

명성교회 김삼환 목사님, 나의 소중한 시부모님, 친정 부모님, 그리고 내 영혼의 반려자, 나의 반쪽 남편에게 고마움을 전하며, 글을 쓸 때마다 주중, 주말, 때로는 연휴기간에 충분히 엄마로서 즐겁게 시간을 함께하지 못했던 듬직한 아들 요한이와 딸 에스더가 치른 소중한 희생에 작게나마 이 책으로 보답하고 싶다.

"리더십은 과학도, 전략도 아닌 나와 다른 모든 이들의 행복을 위한 예술의 과정이다."

2010년 10월 역삼동에서

서정하

CONTENTS

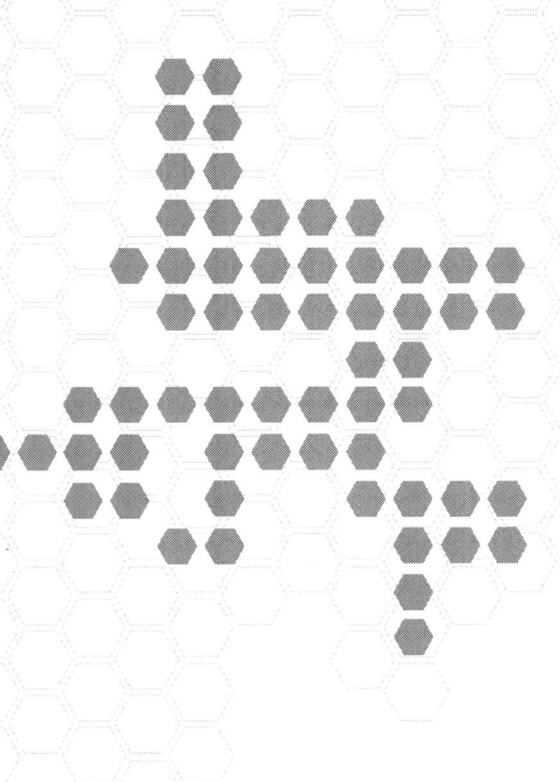

1장

드라마로 배우는 리더십 1
〈베토벤 바이러스〉

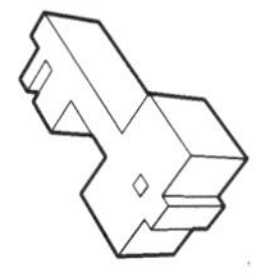

2009년 초 전 국민의 폭발적인 관심을 끌며 평균 시청률 20%대로 종방한 드라마 〈베토벤 바이러스〉가 큰 화젯거리였다. 오케스트라라는 다소 생소한 소재, 클래식이라는 청각 효과, 감각 있는 연출, 뛰어난 구성의 각본-천편일률적이고 일탈된 사랑이 아닌-, 그리고 주연 및 조연배우들이 드라마의 시청률을 꾸준히 끌어올렸다. 특히 시청자들이 열광했던 주인공 마에스트로 강건우(일명 강마에)는 지방 시청 소속 오케스트라 지휘자로서, 흥미로운 캐릭터를 바탕으로 그만의 독특한 리더십을 발휘하며 많은 사람들의 관심과 공감을 얻었다.

드라마에서 99%의 노력만으로 세계적인 지휘자가 된 강마에는 자신과는 달리 천재성을 가진 친구에 대한 시기와 질투가 지나쳐서 누군가가 천재라는 말만 들어도 그 대상을 무조건 증오하는 괴팍함을 보여준다. 그는 세계적인 오케스트라의 지휘자라는 명성과 실력을 가지고 있지만 불우한 환경에서 어려움을 극복한 암울한 과거를 가지고 있다. 이런 성장배경과 더불어 그의 성격과 행동은 지극히 평범한 주변인들과 심한 부조화를 형성한다. 그는 대인관계에 있어서 독하고 안하무인격의 언행으로 수시로 대립과 갈등을 조장하며 게다가 오만하기까지 하다. 그러나 기르던 개가 자신의 실수로 죽을 뻔하자, 그 개를 살리기 위해 지방 시향의 지휘를 억지로 맡을 만큼 사람이 아닌 동물에게는 지극히 정성을 들인다.

그럼에도 불구하고 왜 사람들은 강마에의 행동과 태도에 카타르시스를 느끼고 열광하며 그의 리더십에 관심을 갖는 것일까? 단지 복잡한 이해관계 때문에 속내를 차마 드러내지 못하는 현대인들로 하여금 솔직하고 거침없는 언행으로 대리만족을 느끼게 해주었다는 이유만은 아닐 것이다. 필자는 드라마 속에서 오케스트라 조직의 지휘자인 강마에가 보여준 리더십에 특별한 무엇이 있음을 발견하였다. 그는 수많은 갈등과 고난을 거치며 그만의 독특하고 독한 리더십을 발휘하여 구성원들 개개인의 개발(인재제일)을 이끌어준다. 시향의 성공적인 공연이라는 목표달성과 끊임없는 열정과 도전정신을 가지고 모든 면에서 세계 최고가 되기 위해 최선을 다한다(최고지향). 그리고 불의와 타협하지 않고 명예와 품위를 지키며(정도경영) 또 다른 자신의 목표를 위해 더 큰 세상으로 나아가는(변화선도) 리더십을 발휘한다.

우선 한 조직의 리더로서 강마에의 리더십을 다양한 관점에서 살펴보기 위해, 드라마의 소재인 오케스트라 조직의 특징과 배경을 살펴본다.

오케스트라 조직에서는 음악을 연주하는 교향악단의 지휘자가 각기 다른 소리를 내는 여러 단원들을 전적으로 관리하고 리드한다. 지휘자는 각 연주자들이 자율적으로 연주를 할 수 있도록 권한을 부여하고 연주할 곡의 악보를 나눠주고 자율적으로 코드에 맞춰 개인연습을 하고 전체적으로 조화를 이루며 음악을 아름답게 연주하도록 오케스트라를 지휘한다. 이때 악보는 오케스트라에 있어서 가장 기본이 되는데, 전 단원이 소지하며 행동지침으로 삼고 그 앞에서 모두 동등한 지위를 얻는 동시에 그에 따른 책임을 지게 된다. 지휘자는 악보를 기반으로 단원들 위에 군림하지 않고 그 악단이 훌륭한 연주를 하도록 지원하고 이끌어주는 역할을 한다. 훌륭한 연주를 위해 불필요한 악기는 제거히고 반드시 있이야 할 위치에 있어야 할 악기의 수와 사람 수를 정한다.

그런데 드라마 초반, 급조된 단원들과 강마에 사이에는 리더-구성원 간의 신뢰가 없었다. 세계적인 음악가인 강마에는 자신의 수준에 비해 너무 실력이 떨어지는 단원들을 도저히 인정할 수도, 신뢰할 수도 없었다. 이와 더불어 가뜩이나 지친 삶으로 인한 상처와 아픔을 가진 단원들은 새로 부임한 지휘자에 대한 정확한 정보도 부족하고, 초기부터 지휘자에게 온갖 모욕과 상처를 받게 되어 신뢰를 가질 수 없는 상황이었다.

단원들과 강마에의 목표도 서로 달랐다. 소시민적인 일탈을 꿈꾸며 음악을 부담 없이 즐기기 위해 아마추어의 마음가짐으로 단원 모집에 지원한 대부분의 단원들의 목표는, 자신이 지휘하는 한 공연 실패는 있을 수 없다는 프로페셔널한 완벽주의자 강마에의 그것과는 도저히 조화를 이룰 수가 없어 보였다.

프레드 피들러Fred Fiedler의 리더십 상황이론Leadership Contingeny Theory에서는 '과업이 짜여진 정도', '리더 부하 간의 신뢰 정도', '리더 지위의 권력 정도'라는 세 가지 요인이 모두 강하면 리더에게 유리한 상황이고, 모두 약하면 불리한 상황이라고 한다. 이 요인들 중에 한두 개는 좋지만 나머지 한 개가 나쁘면 리더에게는 중간 정도의 상황으로써 인간중심의 행동을 하는 것이 효과적이라고 한다. 상황이 리더에게 아주 유리하거나 불리할 때는 일중심형 행동이 효과적이지만 중간 정도의 상황일 때는 인간중심형 행동이 더 효과적이라는 것이다.

강마에를 둘러싼 상황요인들을 보다 구체적으로 살펴보면 다음과 같다.

첫째, 과업이 항상 반복되는 일인지, 복잡한 일인지, 과업목표가 구체적이고 분명한지, 의사결정 체제가 잘 정비되어 있는지에 관한 '과업이 짜여진 정도'로 보자. 강마에가 부임한 시향 오케스트라 조직은 어떠했나? 그것은 석란시 현직 시장의 지방음악도시 유치라는 정략적인 도구로서 창단된 오케스트라 조직이다. 급조된 신생조직으로써 조직의 하부시스템은 물론이고 오케스트라 고유의 음악을 연주한다는 순수한 존재 이유나 목적이 전혀 공유되지 않는 상태의 열악한 조직이다. 즉 과업의 수준이라는 면에서 보면 시장의 개인적인 목적으로 조직이 탄생되어 운영되는 상태로써 모든 것이 불분명하고 체계화가 되어 있지 않았다.

둘째, 원래 부하가 상사를 신뢰하고 존경하는 친밀한 분위기의 조직인지 아니면 상사가 누가 되었든지 간에 눈치만 보고 비판이나 하고 서로 불신하는 풍토를 가진 조직인지에 관한 '리더와 부하 간의 신뢰정도'다. 드라마 초기의 오케스트라에는 담당 시청공무원이 사기를 당해 시향을 운영할 3억이라는 예산은 없어져 버리는 바람에 제대로 된 실력을 갖춘 단원이 아닌 급조된 다양한(?) 이력을 가진 구성원들이 모여 있다. 정직 중인 경찰관 트럼펫 주자, 치매에 걸린 노인 오보에 주자, 여고를 중퇴한 플루트 주자, 귀가 먹어가는 말단 공무원 바이올리니스트, 나이트클럽과 카바레에서 생계를 위해 연주를 하는 트럼펫 주자, 평범한 가장이며 직장인인 콘트라베이스 주자, 음대를 졸업한 지 20년 만에 연주를 시작하는 전업주부 첼리스트 등이 바로 그들이다. 오케스트라 운영의 문제점과 단원들의 경력과 수준을 안 강마에는 곧바로 구성원들에게 불신을 거리낌 없이 표출하며 출국하겠다는 의사를 밝히고 떠날 준비를 한다. 우여곡절을 겪으며 결국 강마에는 실력도 없는 단원들을 이끌고 연주회를 개최한다. 그러나 오직 연주회를 성공적으로 마치려는 강마에는 단원들에게 "니들은 내 악기야. 난 오케스트라라는 악기를 연주하는 거고, 니들은 그 부속품이라고. 늙은 악기, 젊은 악기, 울며 뛰쳐나간 똥덩어리 악기, 회사 다니는 악기, 대드는 악기. 아니! 니들은 그냥 개야. 난 주인이고. 그러니까 잔말 말고 시키는 대로 다 짖으란 말이야!"라며 인격적인 모독을 서슴지 않는다. 리더에 대한 신뢰는커녕 적대감만 커지는 리더-구성원 관계인 것이다.

셋째, 전통과 분위기 그리고 조직 내 제도와 법규가 리더에게 막강한 권한을 부여하는 상황인지, 리더의 자리는 부하의 승진·상벌에 대한 실권이 없는 허상의 자리인지에 관한 '리더 지위의 권력 정도'이다. 드라마에서 강마에가 가진 유일한 강점은 지휘자의 막강한 권한이 부여되어 있다는 것 뿐이었다. 예를 들어 강마에는 갑작스러운 해고 통지를 받고 찾아와서 매달리는 시향단원들에게 "뭐가 다릅니까. 여전히 당신들은 나한테 똥덩어리이고 카바레이고 치매입니다. 친해졌다고 있던 사실이 없어집니까? 아, 그리고 오늘은 거기에 새로운 사실이 추가되네요. 거지근성!"이라며 적나라한 표현을 거침없이 내뱉으며 단원을 해고하는 무자비한 권력을 행사한다.

이렇듯 강마에가 리더십을 발휘할 상황적 배경은 강제적 권력을 제외하고는 그야말로 최악의 상황이었다. 따라서 강마에가 리더로서 시향의 창단 공연을 성공적으로 마쳐야 하는 조직의 목표를 달성하기 위해서는 인간중심형 행동이 아닌 일중심형 행동이 효과적이었을 것이다. 그래서 처음 부임한 강마에는 단원들과 대립과 오해를 반복하며 갈등관계를 지속하면서도 우선 과업을 중심으로 해서 혹독한 연습으로 조직을 운영하기 시작한다. 때로는 비전을 제시하고 동기부여를 함으로써 단원들의 실력을 향상시키고 단기간 내에 성공적인 공연이라는 목표를 달성하게 된다.

　다음은 강마에의 리더십 요인을 조직 차원이 아닌 권력과 리더십 관점에서 살펴보기로 하자.

권력, 권한, 영향력, 그리고 리더십

　권력이란 한 개인(집단)이 다른 개인(집단)을 움직일 수 있는 능력이다. 권력은 상대방의 의지와 무관하게 나의 의지를 상내방에에 관철시킬 수 있는 능력, 즉 상대방의 행동을 그의 의도에 반하여 권력 행사자의 의도대로 바꾸게 하는 능력이라고 정의할 수 있다. 리더는 권력을 가져야만 구성원들로 하여금 조직에서 요구하는 행동을 하게 만들 수 있으며 그들을 지원할 수 있다.

　권력과 유사한 개념으로는 권한, 영향력, 정치, 리더십 등이 있다. 먼저 권한은 권력의 공식적 측면을 표현한다. '권한을 행사한다'라고 할 때 그것은 타인의 행동을 통제하거나 허가하는 입장을 말한다. 또한 그 입장은 어떤 사회나 조직이 만든 규정과 법에 의해 주어진다. 그래서 권한은 합법적이며, 사람의 직위를 바탕으로 하고, 또한 위에서 아래로 흐르는 것이며, 상대방에 의해서 받아들여져야 '행사'되었다고 할 수 있다.

영향력은 사회적 영향력이라고도 하는데 권력보다 좀 더 포괄적인 개념이다. 상대를 원하는 방향으로 유도하지는 못했더라도 나 때문에 상대의 행동이 변했다면 나는 그에 대해 영향력이 있는 것이다. 즉, 리더의 의도대로 구성원이 어떤 행동의 변화를 일으키는 영향력을 발휘할 수 있다면 그 영향력이 바로 권력이다.

그렇다면 리더십은 무엇인가? 리더들은 집단의 목표를 완수하기 위해 권력을 수단으로 이용한다. 그러므로 리더십이 발휘되려면 리더의 목표와 부하들의 목표가 일치해야 한다. 권력과의 차이점은, 권력이 발휘되기 위해서는 리더의 목표와 부하의 목표가 불일치해도 된다는 점이다. 또 권력은 리더에게서 부하에게로 일방적으로 탑 다운top down의 형태로 영향을 미치는 것이지만 영향력은 당사자들 사이에 쌍방 및 상하좌우로 작용한다. 즉 리더십이 발휘될 때 부하들은 공동목표를 위해 기꺼이 따르지만 권력이 작용할 때는 상대적으로 약하기 때문에 어쩔 수 없이 순종한다.

5가지 권력기반

고전적이고 가장 많이 쓰이는 존 프렌치J. R. P. French와 베르탐 레이번B. Raven의 5가지 권력기반과 이에 따른 권력유형을 살펴보자. 이들 5가지 권력기반은 서로 영향을 주고받으며 리더가 5가지를 모두 갖추었을 때 리더십 효과는 시너지 효과로 인해 극대화될 수 있다. 각각의 기반은 다음과 같다.

• 보상적 권력

상대방에게 경제적·정신적 보상을 해줄 때 나타나는 권력. 그러나 상대방이 그 보상을 원하고 있다는 전제하에서만 가능하다.

• 강제적 권력

무력이나 위협, 감봉, 해고, 그리고 벌 같은 부정적 보상으로, 이것을 피하려는 사람들에 대하여 행사하는 권력이다.

• 합법적 권력

서로의 약속에 의해 특정인에게 일정한 권력을 주도록 했을 때 그는 약속된 법과 제도에 의해 권력을 가진다. 이를 권한이라고 하며 회사의 지위권한이 포함된다. 이때 사용되는 권력도구는 규정, 법규, 제도 등 공식적인 것이다.

• 준거적 권력

어떤 사람에게 존경하고 따르고 싶은 매력이 있다면 우리는 무슨 일을 판단할 때 그 사람이라면 어떻게 할까 생각해보고 그 사람에 준거하여 정한다. 즉 나의 판단이 아닌 그 사람이 나를 움직인 것이며, 그가 나에 대해 행사한 이 권력을 준거적 권력이라 한다. 어떤 한 사람의 말이라면 복종해야 한다는 마음이 생기기도 하는데, 그가 가지고 있는 무언의 매력과 설득력은 법적인 권한보다 더 위력이 있을 때가 있다.

• 전문적 권력

특정분야나 특정상황에 대해 어떤 지식이나 해결방안을 알고 있는 사람은 그것을 모르는 다른 사람들에 대하여 권력을 가진다. 경험이 많은 상급자가 하급자에 대하여 권력을 가지기도 하지만 어느 분야에 대해서는 하급자도 더 많은 지식을 가지고 상급자를 조정하기도 한다.

5가지 권력기반으로 본 강마에의 리더십

5가지 권력기반의 기준으로 강마에의 리더십을 분석해보면 다음과 같다. 그는 오만하지만 최고의 실력을 갖춘 전문적 권력expert power을 가지고 있다. 처음 만난 단원들의 튜닝소리를 듣고도 전자 바이올

리딩 파워(Leading Power)_사람을 이끄는 진정한 리더 이야기

리니스트인지, 정통 클래식 연주자가 아닌 카바레의 트럼펫 연주자인지 알아맞힌다. 오보에 소리가 이상하자 오보에 연주자의 아침메뉴를 물어보며 디저트로 먹은 참외 씨가 리드에 끼어 있을 거라고 예언에 가까운 예견을 하며 오케스트라 지휘자로서의 실력과 전문성으로 단번에 단원들을 장악한다(물론 현실적으로 참외 씨가 오보에 리드에 끼어 있을 가능성은 없다고 한다).

강마에는 지휘 분야에서 세계 최고라는 수식어를 달고 외국에서 활동하다가, 한 지방도시의 초청으로 시향 오케스트라 지휘자로 영입되어 합법적 권력legitimate power과 직위적 권력position power을 가지게 되었다. 마음에 들지 않거나 실력이 없는 단원들에게 감봉, 해고, 벌, 위협 등을 행사할 수 있는 강제적 권력coercive power도 가지고 있다. 또한 반기를 들고 사과를 요구하는 단원들에게 급여 외에 많은 금전적 혜택을 받을 수 있도록 해줄 것을 약속하고, 평생 처음으로 키우려 하는 제자와 오케스트라 단원들이 정치적인 이유로 시향에서 쫓겨난 상황에서도 그들에게 연습실을 얻게 해줄 물질적인 힘과 '우리도 할 수 있다'라는 정신적 보상을 해줄 수 있는 보상적 권력reward power을 가지고 있다. 그리고 천재적인 음악성을 가진 동명이인 제자 강건우가 배우고 싶고 존경하고 따르고 싶은 롤모델이 되는 등 단원들에게 두려움과 동시에 음악적으로 존경을 받는 준거적 권력referent power도 가지고 있다. 따라서 리더가 가진 권력이라는 측면에서 보면 강마에는 프렌치와 레이번이 주장하는 5가지 권력을 기반으로 강력한 리더십을 발휘했던 리더라고 할 수 있다.

리더십 이론은 크게 리더의 특성(지성·야망·신뢰)이 리더십 유형을 결정한다는 특성이론Trait Theory과, 부하들 앞에서 보여주는 리더의 행동(인간중심과 과업중심 행동)이 리더십 스타일을 결정한다는 행동이론Behavior Theory으로 나눌 수 있다. 이번에는 리더는 타고나는 것이 아니라 만들어지며 개발되어질 수 있다는 리더십 행동이론에 근거해서 강마에의 리더십을 분석해보자.

• 배려형과 구조주도형

랄프 스톡틸Ralph Stogdill과 에드윈 플레시먼Edwin Fleishman은 리더를 두 가지 유형으로 분류했다. 하나는 부하에게 신경을 많이 써주고 항상 편하게 해주며 그들로부터 신뢰를 얻는 배려형 리더이다. 또 하나는 부하가 해야 할 업무의 계획과 실천방침에 대한 업무구조를 설계하여 배분을 잘 함으로써 업무를 주도적으로 리드하고 결과적으로 업적을 많이 내게 하는 구조주도형 리더이다.

• 생산중심형과 부하중심형 & 인간관계기능과 과업기능

미시건 대학의 렌시스 리커트Rensis Likert는 리더를 생산중심형(생산과정·기술문제·목표달성)과 부하중심형(상호협조·충고·의사소통관

리딩 파워(Leading Power)_사람을 이끄는 진정한 리더 이야기

리)으로 분류한다. 하버드 대학의 베일즈Bales는 참다운 리더의 기능을 인간관계기능socioemotional function(공동체의식·갈등해결·관계개선)과 과업기능task function(목표수립·업적평가·자원의 할당)으로 분류하였다.

  • 민주유형과 독재유형

커트 레윈Kurt Lewin, 론 리피트Ron Lipitt, 로버트 화이트Robert White는 리더가 민주유형인 경우에 구성원의 협조나 만족도가 증가되고, 리더가 독재유형인 경우에 생산실적이 더 증가한다고 주장한다.

XY 이론

더글러스 맥그리거Donglas McGregor는 부하를 비관적(X이론)으로 보느냐, 낙관적(Y이론)으로 보느냐에 따라 리더십형태가 달라진다고 했다. X이론형 관점으로 부하를 보는 리더는 자기권한을 최대한 사용하고 칠저한 감독과 징벌과 명령을 한다. Y이론형 관점으로 부하를 보는 리더는 자율과 적당한 충고로 일관한다. 맥그리거의 경우 모든 인간은 Y형으로서 스스로 자기를 통제할 줄 알며 그렇게 게으르거나 책임을 회피하려고만 하는 것이 아니기 때문에 생산중심 리더십보다는 인간중심의 리더십을 추천한다.

변혁적 및 거래적 리더십Tranformational & Transactional Leadership

버나드 배스Bernard Bass의 변혁적 및 거래적 리더십 이론을 살펴보자. 거래적 리더십은 부하가 리더에게 복종하는 대가로 리더로부터 임금이나 신임을 얻는 교환적 관계에 토대를 두는 것인 반면, 변혁적 리더십은 리더와 부하 모두의 동기와 목적의식을 고취시키는 것이다. 거래적 리더는 부하를 단순히 일차적 욕구수준에 머물러 있는 사람으로 파악하는 반면, 혁신적 리더는 부하를 전인whole person으로 파악하며 부하의 상위욕구를 중시한다. 배스는 거래적 교환관계에 기초하는 거래적 리더십으로는 부하들을 장기적으로 동원할 수 없다고 보았다. 거래적 리더들이 성과와 보상의 교환관계나 벌을 이용하여 가시적인 성과를 중시한다면, 혁신적 리더들은 자기희생적, 카리스마적 특성으로 부하들을 개별적으로 배려하고, 지적인 욕구를 자극하여 항상 창의력을 발휘할 수 있도록 유도함으로써 보다 이상적인 성과에 초점을 맞추고 있다고 주장하였다.

변혁적 리더들은 부하들로 하여금 자신의 관심사를 조직의 발전 속에서 찾도록 영감을 불러일으켜주며 항상 새로운 창조와 혁신을 할 수 있도록 비전을 제시한다. 어떤 의미에서 이러한 혁신주도형 리더는 자기가 없어도 부하들이 스스로 바람직한 행동(창조·학습·변화·도전 등)을 하도록 변혁시키는 리더이다. 그러한 리더는 부하들과의 관계에서 다음과 같은 네 가지 자질을 갖추어야 된다.

• 비전을 통한 단결능력

부하들에게 미래의 비전을 제시하며 주도권을 쥐고 부하들을 자극하는 능력이 있어야 한다. 그는 미래의 분명한 목표인 비전을 제시함으로써 현재와 미래를 연결해주며 부하의 사기와 가치관을 자극시켜 조직 내에 꿈과 용기를 준다.

• 비전의 전달능력

비전은 제시하는 것으로 끝나지 않는다. 부하들이 이를 이해하고 자기 것으로 만들어야 그들이 나아갈 바를 분명히 한다. 따라서 비전을 부하들에게 완전히 전달하는 것이 리더의 역할이며 그러한 능력이 있어야 한다. 즉 비전 창조능력과는 별도로 혼자 비전을 외치면서 호령만 해서는 안 되고 부하를 설득하고 동참시키는 능력을 가지고 있어야 한다. 이는 커뮤니케이션(소통)의 능력과 일맥상통한다.

• 신뢰의 확보

부하들로부터 전적으로 충성과 신뢰를 받는 능력이 필요하다. 그래야 반론에 대처하면서 강력하게 계획을 추진할 수 있으며 리더가 일시적으로 실수를 했거나 악화됐을 때도 다수 멤버들의 지지를 받아 건재할 수 있는 것이다.

• 자기 이미지 관리

리더 스스로 자신의 관리에 능통해야 한다. 능력과 지식의 함양은 물론 행동과 처신에 흠이 없도록 자기계발을 계속해야 할 뿐만 아니라 긍정적인 이미지를 심는 자기연출 능력도 필요하다.

강마에의 리더십

강마에는 첫째, 단원들에게 업무를 잘 배분함으로써 과업을 주도적으로 리드하고 성공적으로 업적을 많이 내게 하는 구조주도형 리더다. 둘째, 의사소통관리와 충고에 서투르지만 기술문제나 목표달성에 있어서 철저하게 구성원들을 리드하는 생산중심형 리더다. 또한 관계개선이나 갈등해결 등 인간관계기능형 리더라기보다는 목표수립, 업적평가 등에 강한 과업기능형 리더다. 셋째, 구성원의 만족도보다는 생산실적이나 성과가 증가되는 독재유형의 리더다. 강마에가 시향오케스트라의 지휘자로 부임한 초기에 성공적인 공연이라는 조직의 목표를 달성하기 위해서 독재적인 리더십을 발휘하여 단원들의 복종과 순종의 태도를 이끌어낸 반면 단원들의 심리적인 불편과 불만은 점점 늘어갔던 것이 그 증거이다. 넷째, 자율과 적당한 충고로 단원들을 다루는 Y이론형이 아니라 자기권한을 최대한 사용하고 철저한 감독과 명령을 하는 X이론형 리더다.

그런데 흥미로운 점은 시간이 지나면서 강마에의 리더십이 변해

간다는 것이다. 로버트 블레이크Robert Blake와 제인 무톤Jane Mouton의 인간과 생산 모두를 강조하는 리더십 관점에서 보면 강마에는 처음에는 혼자 모든 것을 계획하고 통제하고 명령일변도이며 부하를 생산도구로 여기고 업적달성에만 관심이 있으며 부하에게는 따라만 오라는 식의 독재형 리더십을 발휘했다. 그러나 시간이 흐르면서 인간, 과업 양쪽에 관심을 갖는 중간형 리더십으로 변모한다. 강마에는 철저하게 과업중심의 리더였지만 실력과 경력이 모자라는 단원들과 함께하면서 인간중심의 리더로 변화한 것이다. 초기에는 구성원들을 단순히 일차적 욕구수준에 머물러 있는 사람으로 대하며 성과와 보상의 교환관계나 벌을 이용하여 가시적인 성과를 중시하는 거래적 리더십을 발휘한다. 그러나 점차 경찰관 출신 강건우의 천재성을 알아보고 지휘자로서의 길을 열어주고, 전업주부로서 자신감 없고 소극적인 첼리스트 정하연의 첫 독주연주를 성공하게 만드는 등 단원들의 상위욕구를 자극하며 그들을 육성한 것이다. 그는 자신의 연봉을 삭감하너라도 단원들을 지키고 보호하려는 희생적인 행동을 해서 단원들에게 점차 신뢰를 얻어간다. 결국 지휘에 있어서 자신의 이미지를 철저히 관리하며 세계적인 지휘 실력과 카리스마를 발휘하면서 단원들에게 존경을 받고 스스로가 비전이 된다. 이렇게 강마에는 변혁적인 리더로서 변화하고 진화해간다.

• 독한, 그래서 현실적인 리더

일상 행동 면에서 보면 강마에는 철저히 현실에 근거한 리더십을 발휘한다. 일체의 타협도 없고, 오직 자신만이 옳으며, 매정하고, 리더로서의 겸손은커녕 대단히 오만하다. 예를 들어 대통령 내외가 참석한 공연에서, 수준 떨어지는 연주에 만족할 수 없다며 "관객 여러분 그리고 대통령 내외분 졸리시죠? 당연합니다. 방금 들은 연주는 쓰레기입니다. 이건 뭐 도저히 참아줄 수가 없네요. 비싼 돈 주고 표 사서 들어오셨죠? 당장 주최 측 가서 환불 받으시고 그 돈으로 브람스CD를 사서 들으세요. 브람스를 이따위 연주로 더럽힐 수 없습니다. 집에 가서 샤워들 꼭 하시고, 특히 귀의 때를 빡빡 밀어주시기 바랍니다"라고 오만한 행동을 취한다.

자신을 아줌마 대신 정희연이라 불러달라는 첼로 연주자 희연에게 "아줌마, 정희연이라고 불리고 싶댔죠? 그게 무슨 뜻인 줄 알아요? 자기 이름에 책임을 진다는 거예요. 그런데 아줌마 자기 이름에 책임지고 있어요? (중략) 아줌마 같은 사람들을 세상에서 뭐라고 그러는 줄 알아요? 구제불능, 민폐, 걸림돌, 많은 이름들이 있는데 난 그중에서도 이렇게 불러주고 싶어요. 똥, 덩, 어, 리!"라고 인격적인 모욕도 거리낌이 없다. 그러나 그런 모욕은 결국 20년간 음악을 잊고 살았던 음대 출신 전업주부에게 자아를 찾아가는 모티브가 된다.

또한 새로 생긴 시향에 기존 단원들은 받지 않겠다는 강마에에게

화를 내는 단원한테 "그래서 뭘 원하는 건데, 사탕발림? 니들 실력 웬만하니까 여기 말고 딴 데 가서 성공하고 복수해라, 뭐 이런 말이 듣고 싶어? 그래, 다른 사람들, 특히 정명환 같은 놈은 꼭 그렇게 말을 하지. 왜? 자긴 좋은 사람이고 싶거든. 불편하고 싶지가 않거든. 그렇게 모양 좋게 돌아서면 그 사람은? 다른 오디션 그냥 쑤시고 떨어지고 하면서 십몇 년 버리는 거야. 그래도 정명환이는 날 인정해줬어. 어쩔 수 없이 잘랐다고 했어. 거짓말을 철석같이 믿고선 말이야. 근데 아니거든. 책임자가 누구를 잘랐을 때 이유는 딱 하나야. 실력. 난 누구한테 좋은 사람이고 싶은 생각 없어. 하지만 속이는 건 더 나쁜 짓이라고 생각해. 그래서 이렇게 말하는 거야. 니들은 실력이 없어"라고 냉정하게 잘라 말한다.

그러나 안하무인 식의 독한 말투와 성격은 나중에 인간성 좋은 단원들에 의해 이해되고, 그의 배려하는 속마음을 깨달은 단원들은 그 이후부터 절대적인 존경과 신뢰를 보낸다. 산인하고 비정할 징도로 거침없는 그의 말들은 시간이 갈수록 제자와 단원들을 진심으로 아끼고 위해주는 반전을 위한 상황적 배경이 된다.

• 탁월한 동기부여의 리더

구성원의 신념이나 감성을 신바람이 나도록 자극하여 목표에 전념시키는 것을 동기부여라고 한다. 동기부여는 목표를 향한 자발적인 행동을 끌어내고 충동질하고 계속하게 하는 심리적 과정이라고 정의한다. 즉 어떤 사람으로 하여금 목표달성을 향해 행동하도록 자극하여 동기가 생기도록 하고(유발, arousal) 구체적인 행동으로 유도하고 이끌며(지향, direction) 그 행동을 지속하게 하는 것이다(지속, persistence).

개인이나 조직의 성과를 결정하는 것에는 개인의 동기 말고도 수없이 많은 요소(능력·기술수준·동기수준·업무방법숙지도·감정상태 등)가 있는데, 신뢰를 바탕으로 사원들의 사기를 높여주고 현실에 근거한 미래에 대한 비전을 제시하여 구성원들을 자극하면 조직의 성과가 높아진다는 것은 수많은 연구에서 증명되었다.

강마에는 긍정적인 자세를 유지하며, 리더들이 자칫 빠지기 쉬운 비현실적 이상주의를 철저히 지양하고, 현실적인 지도를 통해 구성원들에게 동기부여하는 리더라고 할 수 있다. 오합지졸의 단원들을 옥상에 집합시킨 후 "이기적이 되어야 합니다. 여러분들은 너무 착해요, 아니, 착한 게 아니라 바보입니다. 부모 때문에 자식 때문에 애 때문에 희생했다? 착각입니다. 결국 여러분들 꼴이 이게 뭡니까. 하고 싶은 건 못하고, 생활은 어렵고, 주변 사람들 누구누구 때문에 희생했다. 피해의식만 생겼잖습니까. 이건 착한 것도 바보도 아니고 비겁한 겁니다. 맘만 먹으면 얼마든지 만들 수 있는 백 가지도 넘는 핑계 대고 도망친 겁니다, 여러분들은. 이젠 더 이상 도망칠 데도 없습니다. 보시다시피 벼랑 끝 옥상이에요. 그런데도 굳이 나는 안 되겠다 하시는 분들 잡진 않겠습니다. 가세요. 마지막으로 도망칠 기회를 드리겠습니다. 저 쪽 문은 제가 잠갔습니다. 도망은 이쪽 난간으로 치시기 바랍니다”라며 연주회라는 목표를 달성하기 위해 단원들을 동기부여시킨다.

지휘를 포기하고 경찰로 살아가겠다는 제자를 직접 찾아간 강마에는 제자에게 공연장으로 오라며 이렇게 말한다. “꿈? 그게 어떻게 네 꿈이야, 움직이지도 않는데. 그건 별이지. 하늘에 떠 있는, 가질 수도 없는, 시도조차 못하는, 쳐다만 봐야 하는 별. (중략) 꿈을 이루란 소리가 아니야. 꾸기라도 해보란 거야.” 현실과 비전 사이에서 갈등하는 제자에게 보다 높은 목표를 달성해 보도록 요구한 것이다.

아줌마로 불리는 것을 너무도 싫어하던 첼리스트 정희연이 첫 연주를 앞두고 남편에게 끌려가는데 강마에가 전화를 걸어 솔로 연주를 맡기며 “솔로, 희연 씨가 합니다. 와서 솔로 연주하세요. 막힌 속 뚫어 드리겠습니다. 아! 예쁜 이름이네요, 정희연”이라고 하며 체념과 닉딤 상태의 단원들을 동기부여시켜 생애 최초의 솔로 연주를 성공하도록 만든다.

• 팔로워를 보호, 신뢰하는 리더

리더십의 본질에 대해 이야기할 때 빠지지 않는 것이 진정한 리더는 추종자들에게서 신뢰와 행동을 고취한다는 것이다. 하워드 핸드릭스Howard Hendricks는 "미국의 최대 위기는 리더십의 위기이고, 리더십의 최대 위기는 인격의 위기다"라고 말한다. 이렇듯 리더라면 구성원들로부터 전적으로 충성과 신뢰를 받는 능력이 필요하다. 그래야 반론에 대처하면서 강력하게 계획을 추진할 수 있으며 리더가 일시적으로 실수를 했거나 악화됐을 때도 다수 멤버들의 지지를 받아 건재할 수 있는 것이다.

처음에는 비우호적이고 무시하는 태도로 단원들을 대하던 강마에는 시간이 지남에 따라 그들을 보호해주고, 그들에게 믿음과 신뢰, 그리고 애정을 표현한다. 예를 들어, 연습실에 들어와 명령하던 시장에게, 단원들을 무시하지 말라며 이렇게 외친다. "내 악장입니다! 여기 이 사람들, 내 오케스트라 악장이고 내 단원들입니다! 함부로 무시하는 거, 나 못 봐줍니다! 이 사람들을 무시할 권리는 오직 저한테만 있습니다. 내 겁니다! 시장이 아니라 대통령이 와도 그거 월권 못합니다!" 게다가 강마에는 자신의 사비로 제자 건우의 프로젝트 오케스트라 운영비를 부담하려고 했으며, 단원들에게 지급할 예산이 부족하다는 시장에게 자신의 연봉을 깎아서 단원들 연봉을 지급할 것을 요청하는 자기희생적 리더십 행위를 보여준다. 이는 자기에게 정당하게 분배되어야 할 금전적, 비금전적 보상, 예컨대 급여, 상여, 승진, 포상, 휴가, 공로에 대한 인정 등을 포기하거나 미룰 때 발생하는 보상분배에서의 희생이라고 할 수 있다.

리딩 파워(Leading Power)_사람을 이끄는 진정한 리더 이야기

이후 우여곡절 속에 첫 공연을 앞두고 단원들에게 "지금부터 연주할 윌리엄 텔 서곡은 오페라의 서곡으로서 14세기 오스트리아가 스위스를 지배했을 때 거기에 대항했던 농민들의 반란을 그린 작품입니다. 우리 공연도 마찬가지입니다. 가진 것 없는 사람들도 이만큼 할 수 있다, 반란을 보여줄 겁니다. 충분히 그럴 거라고 전 믿습니다"라며 강한 신뢰를 표현하고 단원들을 동기부여시킴으로써 성공적인 공연을 이끌어낸다.

합창단 없이 '합창 교향곡' 연주를 해야 하는 위기상황에서 강마에는 단원들에게 이렇게 말한다. "보통 단원들이면 그래요, 저 공연 접습니다. 근데 여러분이니까 하는 겁니다. 왜! 여러분은 잡초니까. 이미 이런 일 겪어봤죠? 그리고 다 이겨냈죠? 신은 고통을 이겨낼 수 있는 사람들에게만 시련을 줍니다. 고로 우리는 신에게 선택받은 사람들입니다. 갑시다, 가서 우리가 어떤 사람들인지, 얼마나 대단하고 멋진 사람들인지 보여줍시다." 이에 감동한 단원들은 멋진 연주로 강마에가 보여준 신뢰에 보답하며 성공적인 성과를 이루게 만든다.

• 또 다른 마에스트로를 키우는 수퍼 리더

찰스 만즈charles Manz와 헨리 심스Heny Sims는 팀의 궁극적 목표는 스스로 발전하는 자율경영팀self managed team이며, 이상적인 팀 리더십은 오늘날 거론되는 수퍼 리더십이라고 주장한다.

수퍼 리더란 부하들 스스로가 자신을 리드하도록 만드는 진정한 리더다. 그러므로 그는 부하들에게 최대한의 자율권을 부여하고 자신은 지배자나 감독자가 아닌 코치와 상담자의 역할만 한다. 또한 부하들에게 어떻게 생산적이고 효율적인 행동을 할 수 있는지 깨우치고 용기를 북돋아줌으로써 내적 모티베이션 수준을 높인다. 결국 부하들 스스로 활동하는 단계에 가면 리더는 관리행위로부터 자유로워지고 관리자가 아닌 충고자로 남게 될 것이다.

그런 면에서 강마에를 진정한 수퍼 리더라고 할 수 있을까? 그는 제자 건우에게 직접 지휘곡을 선정해주고, 그 곡의 악보를 자신의 스타일로 해석하고 연주하게끔 지시한다. '너는 혼자 할 수 없다'며 자신이 지시하는 대로, 시키는 대로 오케스트라 지휘를 하라고 명령하며 제자를 성공시키려 한다. 다시 말하면 대부분 코치나 상담자이기보다는 지배자나 감독자 역할을 했다고 볼 수도 있다.

그러나 그는 단원들의 협조나 만족도가 오히려 제자 건우의 지휘 연습 때 더 높아지는 것을 목격한다. 이때 강마에는 단기간 내에 성공적인 공연이라는 목표를 달성하기 위해서 오케스트라의 연습 지휘를 제자 건우에게 맡긴다. 강마에는 자신의 제자 건우를, 친구이며 평생 라이벌인 지휘자 정명환에게 부탁하며 "나처럼 편견, 아집에 고집만 센 사람은 안 돼. 걔 망쳐. 무엇보다 나 따라다니면 쟤 기껏 해봐야 나처럼 밖에 안 돼. 변방의 지휘자, 영원한 에이 마이너(A⁻). 그렇게 되기

엔 너무 아까운 애야. 이제 눈떴으니까 늦기도 늦었고. 늦은 만큼 빨리 좀 날게 해줘"라고 자신의 한계를 인정하고, 건우를 세계적인 지휘자로 육성하려는 의지를 확고히 보여준다.

이후 자신에게 돌아온 건우를 혹독한 훈련과 철저한 교육을 통해 실력을 갖춘 지휘자가 될 수 있도록 도와준다. 이는 리더가 부하를 또 다른 리더로 양육하는 수퍼 리더십의 한 모습이라고 할 수 있다.

• 정직성과 강직함을 갖춘 리더

조직정치는 권력을 행사하되 권력 행사자가 자신의 개인적, 이기적 목적을 위해 권력을 행사하는 것을 말한다. 즉 조직에서 어떤 사람이 공식적으로 부여된 행동을 제외하고 자신의 이득에 영향을 미치는 행동을 했다면 그것은 무조건 정치적 행동이라고 할 수 있다. 조직정치를 하는 이유는 조직에서 자기의 영향력을 높이기 위해서 평소 자기 PR도 하고 자신의 능력뿐 아니라 어떤 일에 성공했을 때는 남들에게 많이 알려 항상 다른 사람들이 자신을 좋게 바라보기를 원하기 때문이다.

또한 하기 싫은 일은 정면으로 거부하면 불리하므로, 회피하기 위해서 조직정치를 한다. 자신이 실수를 했을 때는 능력이나 자질이 탄로 나서 많은 권력을 잃기 때문에 권력도 유지하고 비난도 무마시키려고 원칙고수, 책임전가, 무기력, 비인격화, 올무 잡히기, 보호막 장치, 안전추구, 정당화 노력, 희생양, 정보왜곡, 중단 없는 전진 등의 정치적 행동을 하는 것이다.

정직하고 강직한 리더는 구성원들로 하여금 리더 개인에 대하여 존경심을 불러일으키고 리더에 대한 구성원의 만족을 높여준다. 나아가서는 구성원의 직무만족과 조직에 대한 감정적 몰입에 긍정적인 영향을 끼쳐 조직 차원의 단합과 화합을 이루며 위기상황을 타파하게 하고 결과적으로 성과향상을 가능케 한다.

강마에의 현실감각이 떨어질 정도로 강직한 면과 조직정치에 정면으로 맞서는 행동은 정치적인 권모술수가 난무하는 이 시대에 신선함으로 다가온다. 예를 들어, 자신의 오만하고 독재적인 스타일에 항의하는 단원들 앞에서, 마음에 없는 사과를 거부하며 "진심 어린 사과를…… 못하겠습니다. 왜냐, 이건 진심이 아니기 때문입니다. (중략) 하지만 몇 가지는 약속하겠습니다. 여러분을 절대 창피하게 만들지 않겠습니다. 우리가 연주할 음악 앞에 작곡가 앞에 관객들 앞에 여러분들이 당당히 나서도록 하겠습니다. 우리의 음악을 듣는 한 사람 한 사람이 이 힘든 세상에 작은 위로라도 받게 하겠습니다. 그게 제가 이 시향을 하는 궁극적인 목표이자 꿈입니다. 여러분이 그 꿈을 같이 꿨으면 좋겠습니다"라고 정직하게 문제를 해결한다.

시장으로 당선된 최 의원이 취임식에서 축하곡과 애창곡을 연주하라고 명령하자 "거절하면 어떻게 되는 겁니까? 총살? 길로틴에서 목이라도 잘립니까?", "말이라뇨? 말은 원래 사람하고만 섞는 거 아닙니까? 해임 아니네 뭐네 애쓸 필요 없다고 전해주세요. 그냥 제가 관둘 거니까”라며 일언지하에 정치적 타협을 거절하는 강직함을 보여준다.

이와 같이 강마에는 구성원들의 이상이나 꿈을 실현하기 위해서 무엇보다 먼저 철저하게 현실을 인식시키는 리더다. 겉은 멀쩡하고 좋은데 안이 방부제와 농약으로 축적된 독사과가 아니라, 겉은 상처가 있고 투박하고 호감이 가지는 않지만 무공해사과로서 다른 사람들에게 유익한 존재라고나 할까? 그는 여러모로 부족하고 문제가 많은 단원들에게 테크닉과 더불어 삶의 의지를 강하게 해주고, 탁월한 동기부여를 함으로써 목표달성을 위해 끊임없이 훈련시키는 리더다. 또한 그는 전문분야의 탁월한 실력과 더불어 팔로워를 보호해주고 신뢰함으로써 구성원들로부터 자연스럽게 신뢰를 구축하는 리더이며 인재를 길러내는 수퍼 리더, 그리고 불의에 타협하거나 결탁하지 않는 정직하고 강직한 리더십을 발휘함으로써 궁극적으로 단원늘 개개인의 성공을 이끌어주고 자신도 더 높은 목표를 향해 나아가는 리더인 것이다.

경제적 위기가 국가의 흥망성쇠를 좌우하는 어려운 시기에 기업은 기업대로, 정부는 정부대로, 국가는 국가대로 강마에와 같은 멋진 리더가 현실에도 나타나서 한마음 한뜻으로 기업의 위기, 정부의 위기, 국가적인 위기를 극복하여 선진대한민국이라는 목표를 향해 한 걸음 성장하기를 바라는 마음이다.

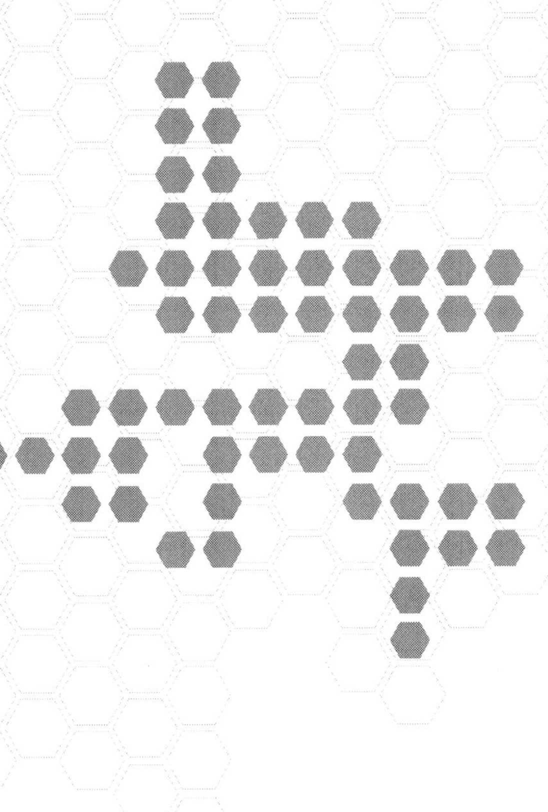

2장

드라마로 배우는 리더십 2
〈선덕여왕〉

2009년 5월 25일 첫 회 방송 시청률 16%, 3회째에 20%, 8회째에는 30%의 시청률을 기록한 드라마가 있다. 바로 〈선덕여왕〉이다. 신라의 화랑 및 신라 귀족층의 사생활을 매우 자세하게 기록한 김대문의 필사본 『화랑세기』에 근거한 이 드라마는 우리나라 최초 여왕으로서의 삶에 대한 역사적 사실들과 2003년 드라마 〈대장금〉의 작가로 유명한 김영현 직가의 상상과 허구가 흥미롭게 잘 화합작용을 한 복합산출물이다.

이 드라마의 전체적인 구조는 신라 27대왕인 선덕여왕(재위 632~647)의 출생을 둘러싼 왕권쟁탈과 신라 화랑도 인물 간의 권력과 암투, 그리고 최초의 삼국통일이라는 거대한 역사적 사실을 배경으로 한다. 역사적으로 선덕여왕 시대에는 국내외적으로 크고 작은 전쟁이 끊이지 않았다. 진흥왕 시절, 신라가 나제동맹을 깨뜨리고 한강 하류 지역을 점령한 것을 계기로 백제의 끊임없는 도전을 받게 되었고 선덕여왕 시기에는 고구려의 침공까지 이어졌다. 더욱이 고구려, 백제에 맞서 신라의 유일한 활로였던 당나라마저 여왕이라는 이유로 선덕여왕을 노골적으로 무시하였고, 647년에는 신라시대 최고위층(상대등)이었던 비담(미실과 진지왕의 아들)이 반란을 일으키기도 했다. 선덕여왕은 재위 기간 동안 대내외의 끊임없는 위협과 압력 속에서도 어질고 총명하게 국가를 이끌어갔던 우리 역사 최초의 여왕이었다.

미실의 리더십

선덕여왕(덕만)의 리더십을 이해하기 전에 이 드라마 초반에 등장하여 시청자들의 관심을 받은 '미실'이라는 인물을 먼저 살펴보자. 김대문의 화랑세기에 자주 등장하는 미실(550년경~?)은 경국지색의 미색과 지략을 가지고 한 시대를 풍미한 인물이다. 화랑의 우두머리인 풍월주들을 남편 또는 정부로 두고, 진흥왕 때부터 진평왕 대에 이르기까지 여러 명의 아들을 이용하여 왕실을 쥐락펴락한 인물이다. 자신이 모시던 왕, 남편, 부하, 심지어 자신이 낳은 아들도 그녀에게는 오로지 최고권력에 오르기 위한 도구일 뿐이다. 지략과 모사에 능수능란하며 뛰어난 미모로 선대왕을 비롯하여 숱한 남성권력자들을 이용하여 자신의 야망을 추구한다. 또한 "사람은 실수할 수 있습니다. 모든 사람들이 실수를 하지요. 하지만 내 사람은 아닙니다"라며 부하의 실

리딩 파워(Leading Power)_사람을 이끄는 진정한 리더 이야기

수를 용납하지 않고 처단하는 비정한 행동을 서슴지 않는다. 로마의 네로황제, 독일의 히틀러, 이탈리아의 무솔리니, 북한의 김일성 등과 같이 나라를 위해서가 아닌 자신의 욕망을 추구하기 위해 부하와 주변인물들을 이용하는 독재적 카리스마 리더의 전형적인 모습을 보여준다.

드라마에서 미실의 캐릭터는 팜므파탈Femme fatale로도 표현할 수 있다. 원래 팜므파탈은 19세기 말부터 문학과 예술 전반에 걸쳐 사용되는 대표적 모티프로써 흔히 '요부'라 불리는 여성을 지칭한다. 저항할 수 없는 관능적 매력과 신비함, 그리고 아름다움을 통해 남성들을 종속시킬 뿐만 아니라 치명적 불행을 야기하는 여성들에 대한 총칭이라고 할 수 있다. 이런 부정적인 이미지는 21세기로 오면서 적극적, 능동적, 주도적인 역학을 하는 활동적인 여성들로 그려진다. 드라마에서 미실은 성적 매력과 미모를 앞세워 남성들을 유혹하던 구시대적인 팜므파탈이 아니라, 성적 매력과 지적, 사회적 능력으로 무상하여 남성들과 함께 시대와 사회의 발전을 이끌어가는 진화된 팜므파탈로 그려진다.

마지막으로 리더의 심리특성에 따른 유형으로 본다면, 미실은 자기도취형 리더Narcissistic leader로 구분할 수 있다. 원래 나르시시즘은 물에 비친 자신의 모습에 반하여 수선화가 된 그리스 신화의 미소년 나르키소스와 연관지어 1899년 독일의 정신과 의사 네케가 만든 말이다.

나르시스트는 자기중심적이고 자기애가 강한 사람을 뜻한다. 드라마에서 미실은 외부에 대한 잠재공격성과 자신의 자리, 권력 보존에 특히 강한 집념을 보인다. "모든 것을 다 가졌는데도 황후가 아닌 것이 싫습니다. 이제 저는 황후가 될 것입니다"라는 그녀의 대사는 이 같은 특성을 그대로 보여주고 있다. 이런 유형의 리더에게는 특히 공격적인 잠재본능이 많아서 역사를 휘두르거나 기업조직의 독재적autocratic 창시자가 되는 전형적인 유형이라고 할 수 있다. 드라마 〈주몽〉의 대소왕자, 〈태왕사신기〉의 연호개처럼 〈선덕여왕〉의 미실은 악과 권력의 암투를 대표하는 캐릭터이며, 선과 위대한 대의를 추구하는 이상형 리더인 덕만과 대비되며 덕만을 빛나게 하는 존재이다.

덕만(선덕여왕)의 리더십

미실과는 반대로 덕만의 경우 부하들의 인격을 존중하고 보살피며 자기가 속한 공동체의 행복을 위해 자신을 희생하거나 생애를 바칠 수 있는 이상형 리더이기도 하다. 선덕여왕의 "강해지고 싶었습니다. 그래서 당신이 아닌 신라를 택했습니다"라는 대사가 바로 이상형 리더의 모습을 말해주고 있다.

이 드라마의 주인공은 호가 성조황고聖祖皇姑, 시호는 선덕, 본명이 휘諱 덕만德曼인 선덕여왕이다. '어출쌍생이면 성골남진(임금에게서 쌍둥이가 나오면, 성골 남자의 씨가 마를 것이다)'이라는 신라 황실의 예언 때문에 목숨이 위태로운 상황에 놓인 덕만은 아버지 진평왕으로 인해 신라를 떠나게 되고 진평왕의 하녀 소화에 의해 양육된다. 덕만은 보이지 않는 어떠한 힘과 8대 풍월주인 화랑 국선 문노의 보호를 받으며 중국 타클라마칸이라는 이역만리에서 성장한다. 덕만은 왕이 될 운명을 타고남과 동시에 대표적인 영웅들의 삶에 등장하는 역경과 고난을 당당히 딛고 일어나서 자신의 삶을 스스로 개척하는 인물로 그려진다. 회가 거듭될수록 자신이 태어난 나라인 계림(당시 신라)으로 무대를 옮기고 드라마의 중심에 서서히 다가선다. 이 드라마에서는 덕만의 말과 행동에서 장차 한 나라의 왕이 될 만한 당연성과 필연성을 찾아볼 수 있는데 드라마에서 나타난 그녀의 리더십을 살펴보자.

- 지식과 지혜knowledge and wisdom – 전문성expert

『삼국사기』나 『삼국유사』에는 덕만의 총명함과 비범함을 언급하는 내용이 빈번히 등장한다. 『삼국사기』에는 덕만 공주가 낭나라 태송이 보낸 모란꽃 그림에 나비가 없음을 보고 모란꽃에 향기가 없다고 예측했다는 내용이 실려 있다. 『삼국유사』에는 여왕으로 즉위한 덕만이 옥문지라는 연못에서 개구리가 떼를 지어 우는 것을 보고 백제군이 여근곡에 숨어 있음을 미리 간파했다는 이야기가 전해진다. 드라마에서는 15세의 어린 덕만이 책을 무척 좋아하는 것으로 묘사된다. 책을 통해 바깥 세계와 소통하고 학습함으로써 지식과 문제해결에 필요한 지혜를 겸비하는 준비하는 리더의 모습을 보여준다. 특정 분야나 상황에 대한 지식이나 해결방안을 가지고 있는 리더는 그렇지 않은 리더보다 구성원으로부터 존경과 권위를 부여받고 리더로서 인정받기가 훨씬 쉽다. 아주 위험하고 어려운 일을 한 대가로 얻기 어려운 역서를 요구하며 지식을 쌓아가는 덕만은 학습인 그 자체로서 빛이 난다. '될 성부른 나무는 떡잎부터 알아본다'는 속담처럼 덕만은 어렸을 때부터 한 나라의 왕으로서 갖추어야 할 자질(지혜와 지식)을 충분히 겸비했던 것이다.

● 자기희생self-sacrificial

덕만은 자신의 계획이 어긋남으로 인해 볼모로 잡힌 지인들과 어머니를 위해 양제후 앞에서"저만 죽이시면 된다구요!"라고 외치며 희생을 자처한다. 물론 순간적인 재치와 기지를 발휘하여 위기를 모면하지만 덕만의 이 한마디는 사람에 대한 사랑과 배려를 가진 리더가 될 거라는 것을 암시한다. 게다가 청룡익도와 용화향도(덕만이 속한 화랑) 간의 진성비재(진검으로 승부하는 겨루기)를 앞두고 맨 마지막에 출전하라고 명령하는 김유신에게 "정말 잔인하십니다. 저 보러 제 앞에서 화랑들이 죽는 것을 다 보고 마지막에 나가서 싸우라는 말씀입니까? 차라리 제가 첫 번째로 나가서 싸우다 죽겠습니다"라고 솔선수범과 희생의 모습을 보여준다. 이렇듯 리더의 자기희생은 구성원들에게 리더에 대한 만족과 존경, 리더로서 인정, 그리고 구성원으로 하여금 조직에 대한 몰입과 희생을 이끌어내는 탁월한 리더십 행위이다. 자기희생의 리더십을 때로는 카리스마적 리더십과 혼동하는 사람도 있지만 구성원들보다 업무를 더 많이 하거나 힘든 일을 자처하고, 보상을 받는 것을 스스로 거부하는 것, 또는 마땅히 행할 권리를 포기하는 등이 대표적인 자기희생이라고 할 수 있다. 드라마 속의 만덕은 어리지만, 이러한 희생적인 리더십을 발휘함으로써 주위 사람들이 감동하고 그의 존재를 점차 인정하고 따르는 것을 볼 수 있다.

- 소통communication

덕만은 "백성의 말을 들을 시간이 없는 사람은 황제가 될 시간도 없다고 했습니다. 백성의 마음을 헤아리는 군주가 진정한 황제입니다"라는 말로 현재 자신의 앞에 있는 절대권력자에게 직언하는 모습을 보여준다. 이는 백성의 마음(민심)을 헤아리고 소통을 중시하는 리더의 모습이라고 할 수 있다. 역사적으로 조선의 세종대왕이 그랬고, 미국의 링컨 대통령이 그랬다. 구성원을 향한 열린 마음과 경청을 통해 소통하려는 마음가짐과 태도는 가장 좋은 리더가 되기 위한 필요조건이라고 할 수 있다. 잘 듣는 사람이 잘 리드할 수 있다. 조직이나 개인의 목표달성을 위해 부하를, 구성원을, 심지어 상사까지도 끌고 가는 것이 아니라 그들 스스로 원하는 것을 취할 수 있게 만드는 것이 바로 리더인 것이다. 이런 면에서 보면 덕만은 경청을 잘 하는 소통의 리더라 할 만하다.

- 행동walk the talk

덕만은 사람도, 일도 무엇이든 쉽게 포기하지 않는다. 그리고 행동한다. 우연히 만난 친언니 천명과 난민촌에 끌려가서 생사의 갈림길에 놓였을 때 오랜 가뭄에 시달린 난민들에게 비를 내리게 해줄 것이라는 임기응변으로 일단 위기를 모면한다. 그러고는 하늘과 자신을 키우다가 사막에서 죽음을 당한 어머니(진평왕의 하녀 소화)에게 비를 내려달라고 꼬박 사흘을 제사를 올린다. 친언니인 천명은 그런 덕만이 어이없고 황당하지만 상황이 더욱 절박해지고 현실이 암울해지자 덕만의 그런 무모한 행위를 응원할 뿐이다. 약속한 사흘 안에 비는 내리지 않았지만 덕만은 자신이 난민촌에서 왜 죽으면 안 되는지, 살아서 무엇을 해야 하는지를 호소하고, 그런 덕만에게 진심으로 감동한 난민 촌장은 "너는 가도 좋다"라고 허락한다. 덕만과 함께 자신도 보내달라는 천명에게 촌장은 "너는 무얼 했느냐? 저 아이가 살려고 무슨 짓이라도 할 동안 너는 무엇을 했느냐? 아무것도 하지 않고 가만히 있지 않았느냐?"라고 힐난한다. 덕만도 자신에게 매달리는 천명에게 "그렇게 살고 싶었어? 그럼 뭐라도 하지 그랬어?"라는 한마디 말을 던진다. 행동하지 않는 리더에게는 먹잇감도, 영광도, 그리고 리더십도 없다. 다만 핑계와 추함만이 있을 뿐이다. 이 사건은 덕만의 행동하는 리더leader-in-action로서의 모습을 단적으로 보여주고 있다.

- 긍정affirmative

덕만은 무엇이든 긍정적이며 즐겁고 유쾌하다. 다가가기에 어렵거나 불편하기보다는 순수한 마음으로 친숙함을 제공함으로써 자발적인 참여를 유도한다. 엄숙하지는 않지만 가볍지도 않다. 꿈도 있다. 그래서 빛이 난다. 친언니인 천명이 김유신에게 덕만에 대해 "그 아이는 두려움을 이겨내고 그것을 다른 사람들에게 전하는 아이다. 이겨내지 못한다 해도 포기하지 않는다. 한없이 부족할 것이나, 전장에서 그 아이는 강할 것이다. 전장에서 살아온다면 (그 아이는) 더욱 강해질 것이다"라고 말한다. 이는 타인이 인식한 덕만의 긍정의 리더십과 그러한 긍정의 리더십이 어떤 영향을 주는지를 잘 보여주는 대화라고 할 수 있다. 그러나 그때까시도 넉만의 존재에 대해서 의┼심을 떨지지 놋한 김유신은 용화향도의 숙소에 도착해서, 출전을 앞둔 덕만이 다른 사람들에게 과거의 성공했던 기억을 떠올리게 하면서 화랑들에게 하는 말을 듣게 된다. "이참에 보여주자고. 유신랑한테도, 10화랑에게도 보여주자고. 뭐 어려워? (별거 아닌 듯이) 훈련처럼만 하고 살아 돌아오면 될 거 아니야?" 그러자 김유신은 "그래, 훈련처럼만 하거라. 그러면 살 것이니……"라며 화랑들을 독려하고 덕만의 긍정적인 리더십을 처음으로 인지하게 된다.

리더가 우울하거나 비관적이면 그 조직은 얼마 가지 않아서 우울하고 비관적인 결과를 낳게 된다. 구성원이 리더에게 다가가는 것을 어려워하는 조직일수록 리더는 구성원에 대한 귀와 마음이 멀어지고 둔감해진다. 리더가 긍정의 효과나 피그말리온 효과Pygmalion effect를 전파하는 메신저(희망의 배달부)가 되면 조직의 성과도 향상되는 이치다. 리더의 친숙함과 순수함, 그리고 긍정의 모습은 이들을 따르는 부하들로 하여금 저절로 존경과 헌신을 하게 하고 자발적으로 참여하게 만드는 위력이 있다. 이런 면에서 덕만은 그 누구보다도 긍정적이고 친절하며 겸손하게 행동한다. 즉 긍정적인 꿈을 제시하고 자신을 따르는 사람들로 하여금 마음으로부터 자발적으로 동참하게 이끄는 리더인 것이다.

- 육성nurturing

덕만은 사람을 키우는 리더라고 할 수 있다. "사람을 얻는 자가 천하를 얻고, 시대의 주인이 된다"라는 그녀의 대사에서 알 수 있듯이 리더의 가장 큰 역할, 즉 부하의 선발·육성·개발, 그리고 또 다른 리더로의 성장을 이끌어내는 수퍼 리더십을 발휘한다. 선덕여왕은 정치와 군사 방면에서 두각을 나타내어, 훗날 삼국통일의 주역을 담당한 김유신과 김춘추를 발탁하고 백제와 고구려를 통합하여 통일신라의 터전을 마련했다고 역사적으로 평가된다.

정치외교 분야에서 탁월한 활약을 했던 김춘추는 폐위된 진지왕의 외손자로서 선덕여왕과는 친자매인 천명공주와 용춘공의 아들이다. 김유신은 원래 금관가야계 후손으로서 서라벌 귀족들에게 배척받던 비주류였지만 선덕여왕의 재위 시절 숱한 전쟁에서 전공을 세우며 선덕여왕의 후원 아래 군사적 실권을 장악한다. 김유신의 누이동생 문희가 김춘추의 아이를 임신했어도 부름을 받지 못하자 김유신은 동생 문희를 태워 죽인다는 소문을 퍼뜨린다. 이 소식을 전해 들은 선덕여왕이 김춘추를 불러 문희를 아내로 맞아들이라고 명령하여 겉으로는 김춘추와 문희를 맺어준 것으로 보이지만, 실제로는 김춘추와 김유신을 맺어줌으로써 선덕여왕이 훗날 삼국통일의 기틀을 마련했다고 볼 수 있다. 리더는 사람을 키워야 한다. 구성원을 리더 개인이나 조직의 이익(승진과 성과향상)을 위한 도구가 아니라 또 다른 리더로 성장하여 징복하지 않은 영역을 스스로 확장하노록 이끌어수는 존재여야 한다.

유행하는 드라마에서는 다양한 인간과 조직이 드라마의 직간접적인 배경이 될 뿐만 아니라 주인공과 주변인물로 등장하며 사건과 연결되어 진행된다. 대부분의 드라마는 픽션이고 허구이지만 거짓이라기보다는 사실이나 실제에 근거해서 작가가 개인적인 상상과 아이디어 또

는 시대적인 욕구나 바람을 덧붙여 탄생시킨 창조물이다. 또한 사전제
작 시스템이 아니라 촬영 및 제작이 병행되는 시스템으로 제작되는 드
라마의 경우 특히 시청률과 더불어 시청자의 의견을 쉽게 반영할 수 있
다. 유행하는 드라마에서 당대의 주류나 패러다임이 보이는 것은 이
때문일 것이다. 특히 역사적 사실을 근거로 인과응보, 사필귀정이라는
진리와 교훈을 가르쳐주는 사극 드라마에는 작가만의 리더상이 아닌
우리의 과거, 현재, 미래의 리더, 그리고 어리석거나 악한 리더와 바람
직하고 좋은 리더가 항상 등장한다.

〈선덕여왕〉 드라마를 보면 2009년 대한민국 국민들이 바라는 조
직(영리와 비영리, 공공기업과 사기업 모든 조직을 포함함)의 리더상
이 어렴풋하게 보인다. 사람들은 언제나 위대한 리더를 열망한다. 서양
의 기독교에서 몇천 년 동안 바라오던 구원자적인 리더가 아니더라도
사람들은 시대마다 상황에 따라 어진 왕(성군)이나 리더를 바란다. 그
것은 보호받고 싶은 인간의 가장 기본적인 안전·안정의 욕구와도 관
련이 깊다. 그런데 리더십은 매우 중요한 역할을 하지만 실제보다 이
상화되거나 과장되기도 쉽다. 리더가 마치 마법이나 신비한 능력이 있
는 것처럼 보려고 하는 사람들의 성향과, 조직의 성공과 실패의 이유
를 리더에게서만 찾으려는 이런 경향을 리더십 로맨스Romans of Leadership
라고 한다. 이는 위대한 리더가 나타나면 모든 문제와 갈등이 해결되
고 잘 될 것이라는 근거 없는 낙관론이라고 할 수 있다(단, 리더에 대

한 사람들의 로맨스는 뜨거운 만큼이나 갑자기 차갑게 변한다는 것을 명심해야 한다).

그래서 요즘 많은 사람들이 한 편의 사극드라마를, 그것도 위대한 리더가 등장하는 드라마를 열심히 시청하는지 모른다. 사람들은 근거가 없다 할지라도, 그리고 시간이 걸리더라도 진실은 밝혀지며 정의가 이긴다는 '사필귀정事必歸正'의 믿음을 가지고 자신에게 꿈과 희망, 비전을 가지게 하는 리더를 갈망하기 때문일 것이다. 이와 더불어 구성원으로서, 그리고 리더로서, 드라마에 나타난 삶의 역경과 고난을 스스로 극복하고 개척하는 주도적인 인물을 벤치마킹하여 또 한 명의 위대한 리더가 되기를 소망하기 때문은 아닐까? 그래서 드라마(사극이건 현대극이건)에 나타난 훌륭한 리더는 옳거나 그르다고 판단할 수는 없어도, 적어도 그 시대 사람들이 가장 바라고 소망하는 리더의 조건을 갖추고 있는 인물이 아닐까?

3장

실패한 리더, 미실

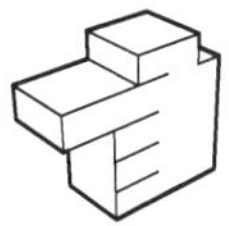

2009년 MBC 드라마 〈선덕여왕〉에서 주인공의 한 축이었던 미실은 자살로 생을 마감한다. 미실은 역사서로 공인받지 못한 『화랑세기』에 등장하는데 〈선덕여왕〉에서는 마치 실존인물처럼 등장하고, '미실의 난'이라는 쿠데타까지 일으키는 것으로 그려진다. 어쨌든 『화랑세기』에서 70세를 넘겨서까지 장수한다고 기록되어 있는 미실이 드라마 속에서는 자살을 한 것이다. 3대(진흥왕, 진지왕, 진평왕)에 걸친 신라의 왕들을 모셨고, 수많은 당대의 권력가들을 거느렸으며, 신라를 좌지우지했던 그녀가 스스로 목숨을 끊은 것이다.

간디는 "나에게 유머를 즐길 수 있는 센스가 없었다면 자살하고 말았을 것이다"라고 했는데 드라마에서의 미실은 항상 너무 심각했다. 그녀에게 즐거움과 웃음은 유일하게 전략과 책략이 성공했을 때뿐이었다. 그녀는 인간으로서 가장 자연스럽고 편하게 대할 수 있는 가족들 즉, 남편(정부도 포함)과 자식들마저도 자신의 목적을 위한 도구로 이용했다. 미실은 허망할 수 있는, 그러나 엄청난 '권력'을 연모하며 그것을 가지기 위해서 검붉은 자줏빛 욕망을 분출했다. 긴장의 연속, 갈등, 대결, 경쟁, 쟁취 등으로밖에 그려지지 않는 그녀의 드라마 속 일상생활이 필자에게는 측은하게 느껴졌다. 시간이 흐를수록 그녀의 몰락이 초조하게 다가옴을 감지했다. 왜냐하면 초반부터 너무도 강하고 독한 미실이라는 캐릭터의 끝은 자살이 아닐까 예상되었기 때문이다.

어쨌든 미실의 자살을 두고 많은 신라사 연구자들은 '분통이 터진다', '황당하다' 등의 반응을 쏟아놓았지만, 드라마는 허구의 인물들이 작가의 의도에 의해 등장해서 버젓이 활개 칠 수 있는 무대다. 역사 속의 인물들을 픽션으로 구성해서 죽이는(?) 것은 작가의 특권이고 창작의 자유에 해당한다. 역사학자의 눈으로 보면 역사를 왜곡하고 그 결과에 대해서 책임을 지지 않는다고 탓할 일이다. 그러나 이러한 창의적인 도전은 대한민국 드라마 시청자들의 입장에서는 많은 논란의 여지를 제공하는 도발적인 스토리가 되고 다양한 조직의 최고경영자, 중간 관리자, 또는 리더십에 관심이 있는 층에게는 깨달음과 통찰력을 가다듬는 계기가 되기도 한다(우리나라 드라마가 해외에서 열풍을 일으킨 가장 큰 요인에는 대한민국 드라마 시청자들의 건설적인 피드백과 신선한 댓글이라는 열광적인 지원이 있었음을 인정해야 한다. 물론 고의

적이며 파괴적인 악플은 예외다).

사극드라마의 딜레마 – 픽션과 역사적 사실의 불균형, 왜곡

기존의 사극드라마 또는 대하사극에서도 역사왜곡이라는 비판은 종종 있었다. 광개토대왕의 일대기를 픽션으로 만든 MBC 드라마 〈태왕사신기〉에서도 픽션과 역사적 사실의 불균형 현상이 나타난다. 드라마 속 태자 담덕의 아버지인 고국양왕은 사실과 다르게 유약하여 아무것도 못하는 허수아비 왕으로서 아들 담덕(광개토대왕)의 목숨을 지키고 태자에게 왕권을 물려주기 위해 자결하는 인물로 묘사되었다. 이때에도 많은 시청자들과 역사가들은 이 드라마가 훌륭한 왕을 자살하는 인물로 묘사하여 역사를 왜곡하고 있다고 질타의 목소리를 높였다. 왜냐하면 고구려 제18대 왕인 고국양왕은 그렇게 자살을 하지 않았을 뿐만 아니라 불교를 도입하고 율령을 반포하였으며 군사 4만 명으로 385년 요동, 386년 백제를 공격해시 국도를 확장, 고구려의 문화를 발전시키는 등 국가체제를 확립한 왕이었기 때문이다.

KBS 드라마 〈불멸의 이순신〉에서도 이순신이 마지막 전투인 노량해전에서 왜군과 일대 격전을 벌인 끝에 유탄에 맞아 죽는 장면을 두고 의견이 분분했다. 정사에 의하면 이순신은 1598년 11월 19일 새벽, "싸움이 한창 급하다. 내가 죽었단 말을 내지 마라"는 유언을 남기며 숨을 거두었다고 한다. 드라마에서는 노량해전에서 갑옷을 벗은 채

대장선상에서 북을 치며 독전을 하던 이순신의 모습을 비주얼하게 보여준다. 이 장면은 숙종 때 간행된 『충무공전서』(1795년)에 "공로가 클수록 용납되기 어려움을 스스로 깨닫고 마침내 싸움에 이르러 자기 몸을 버렸으니, 이순신의 죽음은 미리부터 계획한 것이었다고들 말하는데, 그때의 경우와 처지로 보면 그 말에 혹시 타당한 점도 있다 하련가"라는 기록과 『김충장공유사』의 "이순신이 조총 탄환을 막을 갑주를 벗고 스스로 탄환에 맞아 죽었다"는 기록에 근거했을 것이다. 그리고 이순신의 부하 유장이 평소에 이순신은 "나는 적이 물러나는 그날 죽음으로써 유감될 수 있는 일을 없애도록 하겠다"는 말을 했다고 기록되어 있다. 그러나 역사학자, 전사 연구자들은 한결같이 이런 자살설에 대해서 대부분 '허튼소리', '호사가들이나 하는 이야깃거리'라는 입장을 고수한다. 왜냐하면 노량해전 자체가 다른 전투보다 훨씬 격렬했고 이순신 휘하의 장수 30% 이상이 전사할 정도였다는 것이다. 충무공은 근거리 직격탄에 맞아서 숨졌다며 이순신의 자살설은 역사로는 취급할 수 없다고 한다.

그럼에도 불구하고 드라마에서 이순신은 부하 권준에게 "이 바다는 또한 나의 피도 원할 것일세"라고 말하고, 권준은 "장군! 정녕, 정녕 그 길로 가시렵니까?"라는 말로 이순신의 '의도된 자살'을 암시하는 장면도 나온다. 이후 파선되어 무너지는 왜선의 일부에 저격수들이 배치되고, 왜군 저격수 중 하나의 총구가 이순신을 조준하고 심지가 타들어 가는 장면이 나온다. 그리고 북을 치던 이순신은 그 총구를 본 듯 했으나 총탄에 맞고 쓰러진다. 드라마에서는 이순신은 "단 한 명의 조선수군도 동요해서는…… 안 되니…… 나의 죽음을 적에게 알리지…… 마라!"라는 유언을 남긴 채 죽음을 맞이한다.

절체절명의 국가적 위기 속에서도 희망을 잃지 않고, 오히려 위기를 기회로 삼아서 7년 전쟁을 승리로 이끈 이순신은 애국심, 용기, 불굴의 신념, 희망을 대표하는 리더의 표상인데 드라마에서 작가의 상상력에 의해 타살을 가장한 자살을 했다는 주장은 충분히 논란의 여지가 되었다.

미실과 클레오파트라

드라마 속의 미실을 보고 있으면, 왠지 보통사람은 한 번쯤 하는 결혼을 서너 번씩 하고, 팜므파탈의 뛰어난 용모와 정치적 센스와 전략, 그리고 권력에 집착했던 이집트의 클레오파트라 7세(Cleopatra, 기원전 69~30년)가 오버랩된다. 미실과 클레오파트라는 미모도 미모지만 출중한 정치능력이나 여장부다운 배포를 가진 것으로 알려져 있다. 또한 그녀들은 모든 것을 무기로 사용했다. 성적 매력, 사랑의 기술, 출산으로 미래의 권력을 장악한다는 사실을 누구보다 잘 알고 활용했다. 클레오파트라에게는 카이사르와의 사이에서 낳은 아들 카이사리온, 옥타비아누스 사이에서 낳은 아들, 그리고 딸 안토니아 I, 안토니아 II

가 있었고, 미실에게는 아버지가 다른 보종, 하종, 비담, 옥종, 수종전군, 반야공주, 난야공주, 애송공주, 보화공주 등의 자식이 있었다.

플루타르코스의 『영웅전·안토니우스전』, 셰익스피어의 『안토니우스와 클레오파트라』, G. B. 쇼의 『시저와 클레오파트라』 등 여러 문학작품의 좋은 소재로 등장하는 클레오파트라는 이집트의 왕 프톨레마이오스 12세의 둘째 딸이다. 그리스어로 '아버지의 영광'이라는 뜻의 클레오파트라는 프톨레마이오스 13세(남동생)와 먼저 결혼하여 이집트를 공동 통치한다(당시 이집트 왕실은 라지드법으로 근친혼을 법으로 정해 왕실의 피가 다른 피와 섞이는 것을 막았다. 미실의 경우도 3대왕뿐만 아니라 친동생인 미생이 그녀의 정부情夫로 전해진다). 클레오파트라는 로마의 카이사르에게 접근하여 유혹한 후 아들 카이사리온을 낳고 이집트의 안정과 독립을 보장받는다.

그녀는 프톨레마이오스 13세가 카이사르에게 죽자, 막내 남동생 프톨레마이오스 14세와 재혼하여 이집트를 다시 통치한다. 이후 클레오파트라는 카이사르가 심복 브루투스에게 암살당한 후 기원전 37년에 로마의 안토니우스와 재혼을 하고 안토니우스로부터 로마의 전체 속주屬州를 물려받는다. 그러나 옥타비아누스는 기원전 31년 악티움 해전을 일으켜서 클레오파트라와 안토니우스 연합군을 패배시킨다. 후퇴한 연합군은 기원전 30년 옥타비아누스 군에게 다시 공격을 받고 안토니우스는 클레오파트라의 품에서 자결한다. 클레오파트라는 개선장군인 옥타비아누스가 자신을 사로잡아 로마 거리로 끌고 다니며 구경거리고 만들고 싶어 한다는 것을 알고는 보석과 옷으로 아름답게 치장한 후 꽃밭에 누워 자신이 키우던 독사에게 가슴을 물게 하여 비장하게 자살하였다. 마치 약 2천 년 후 독일의 히틀러가, 당시 동맹국 이탈리아의 지도자 무솔리니의 치욕적인 죽음을 보고 권총자살을 선택한 것과도 유사한 상황이다(무솔리니는 이탈리아 반파쇼 민중 의용군에 의해 처형당한 후 군중들 앞에서 벌거벗겨서 뒤로 거꾸로 매달리는 치욕을 당했다고 전해진다).

리더의 자살 – 자신, 부하, 조직을 포기함

우리나라는 2004년부터 6년 연속 경제협력개발기구OECD 국가 중에서 자살률 1위다. 경찰청 통계에 의하면 2008년 한 해에만 12,858명이 자살했고 2009년에도 하루 30명이 넘게 자살하고 있다. 세계보건기구WHO에 의하면 2010년에 인류를 괴롭힐 가장 큰 재앙은 우울증이며 2020년이 되면 우울증으로 인한 자살이 1위로 암, 에이즈 사망자보다 더 많을 것이라고 경고했다.

그런데 리더의 자살, 그것도 한 시대의 정치·사회·경제·문화에 영향력을 행사했던 리더의 자살은 사회구성원과 국가에 전반적으로 커다란 충격을 준다. 우리나라는 2009년 한 해에만도 정계에서 전前 대통령과 시장市長, 재계의 명사, 연예인, 예술가, 심지어는 연쇄살인범 등

의 자살로 떠들썩했다. 그들이 그렇게 하는 것은 절대 아름다워서가
아니라 괴로움을 피하려는 데 있었을 것이고, 충분히 괴로웠을 것이다.
그 두려움이 절망이 되어 삶을 포기하고 싶어지고, 결국 마음속의 충
동으로 자살이라는 최악의 선택을 하게 되었을지도 모른다.

많은 드라마 시청자들은 미실이 독하지만 우아하게 생을 마감했
다고 생각하기도 한다. 필자는 이 장면이 자살에 대한 미화로 보일 수
있어서 역사 왜곡보다도 잠재적으로 더 위험하다고 판단된다. 그녀는
독약을 두세 병 마셨는데 1각(약 15분) 동안 유언을 남긴 후 피 한 방
울 흘리지 않고 꼿꼿이 앉아서 죽었다. 그런데 과연 미실의 자살이 그
녀가 평생을 염모하던 신국(신라)을 위한 것이었을까?

절대적인 독재 권력자인 미실 앞에 젊고, 발상이 총명하고, 지혜롭
고, 거침없으며 그리고 무엇보다도 백성을 부모의 마음으로 다스리려
는 덕만(선덕여왕)을 보고 그녀는 두려움을 느꼈을 것이다. 그녀에게
덕만과의 제휴는 덕만이 생각하는 화합과 조화의 윈-윈win-win이 아닌,
경쟁과 승패인 윈-루즈win-lose의 사고로밖에 이해할 수 없었던 것일
까? 아니면 승리한 옥타비아누스가 자신을 모멸하고 수치스럽게 할지
도 모른다는 클레오파트라의 심정처럼 미실도 그것을 두려워했던 것
은 아닐까?

조직을 이끌며 구성원들에게 목표를 달성하도록 영향력을 행사하
고 부하들의 존경, 두려움, 충절을 얻었다는 점에서 미실을 리더라고

리딩 파워(Leading Power)_사람을 이끄는 진정한 리더 이야기

부를 수 있을 것이다. 그러나 구성원을 지배의 대상으로 보고, 그들을 단지 공포와 물질적인 보상으로 통제하려고 한다는 점에서는 철저히 전제적autocratic 또는 거래적 리더transitional leader의 전형이라고 판단된다.

진정 용기 있는 리더는 자신을 따르는 부하들 앞에서 자살하지 않는다. 이순신의 자살설이 일축되는 것도 장렬히 싸우다 전사한 그의 모습에 나머지 부하들이 의기투합하여 노량해전에서 승리하도록 한 긍정과 용기의 리더십을 보여줬기 때문이다. 오랫동안 당파싸움의 희생양으로, 그리고 성정을 몰라주는 선조宣祖 때문에 모든 것을 버리고 백의종군하던 이순신은 지극히 지쳐 있었다. 그럼에도 불구하고 억울하다고 자살하지는 않았다. 오히려 죽을 때까지 처절히 싸우다 적의 총탄에 맞았다. 이렇게 싸우다 죽은 리더의 부하들에게는 참담함이 아니라 존경과 숙연함이 생긴다. 그 부하들은 쉽게 포기하지 않는다. 오히려 리더가 보여준 희생과 최선을 그들의 준거로 삼아서 보답하려 하고 스스로 성장하려 한나.

그러나 미실이 죽고 난 후 그녀의 부하들의 얼굴을 보았는가? 자랑스러움과 존경은 없고 패배감, 참담함, 자책감, 공포, 두려움, 움츠러듦, 그리고 모략과 권모술수가 보일 뿐이었다. 물론 미실은 아주 쿨하게 선덕여왕에게 비담을 포함한 그의 아들들, 남동생, 정부, 그리고 부하들을 다 맡기고 죽었다. 그러나 진정 위대한 리더는 고난과 역경을 이겨내기 위해 부하와 함께 끝까지 최선을 다하고 더 큰 목표를 달성하려고 노력한다. 미실의 자살은 아들에게 왕위를 물려주기 위해서도, 신라를 위해서도 아닌 자신과 부하, 그리고 조직을 포기함에 근거한다. 그래서 감히 무책임하다고 여겨진다. 군부대에서 사병이 자살을 해도 군기가 흔들리는데 장성이 자살을 했다면 군의 사기가 어떻게 될 것인가? 리더의 목숨은 리더만의 것이 아니다. 그를 따르는 부하들의 패기와 목숨, 그리고 조직의 존폐와 직결된 것이다.

"이 세상에서 가장 비겁한 짓은 자살하는 것이다. 왜냐하면 자기 자신을 죽이는 행위는 맞서 싸워야 할 악과 두려움을 감당해 낼 용기가 부족하다는 것을 뜻하기 때문이다. 그렇지만 인간에게 죽음보다 더 큰 악이 어디에 있을까? 살아만 있으면 상황은 어떻게든 개선되고 호전될 테지만 죽음은 상황을 전혀 개선시키지도 못하고 새로운 악의 시작을 의미할 뿐이다"라는 세르반테스의 명언처럼 결국 드라마 〈선덕여왕〉에서 미실의 죽음 뒤에는 새로운 악(비담의 난)이 시작된다. 미실은 죽기 전 아들 비담에게 절대권력자, 즉 신라의 왕이 되라고 명하며 "누구를 염모하면, 사랑하면 다 빼앗으라"라는 유언을 남긴다. 『삼국사기』에 의하면 결국 비담은 647년 1월에 비담의 난을 일으키고 한 달 만에 허무하게도 김유신 장군에 의해 죽음을 당한다, 9족이 멸한 채…….

드라마 속의 미실은 멋진 포스와 신념을 지키며 추진력이 강하고 매우 효과적인 리더로 그려졌으나, 진정한 리더로서 부족한 것은 그녀

리딩 파워(Leading Power)_사람을 이끄는 진정한 리더 이야기

가 긍정이나 희망을 갖지 않고 삶을 스스로 포기했다는 것이다. 그것은 어떤 의미에서는 인생에 패배했다는 것, 혹은 인생을 이해하지 못했다는 것을 고백한 것과 같다.

미실 스스로 신라를 염모했다고는 말하지만 '왕의 절대권력'을 염모했었고, 자신의 부하를 끔찍이 아끼었으나 자신의 목적을 달성하기 위한 것이었지 궁극적으로 그들을 육성하기 위함은 아니었다. 자신의 피가 뿌려지고 사랑하는 전우와 낭도들과 병사들의 시신도 수습하지 못하고 묻었다는 신라의 국경을 지키기 위해서였다고도 보이지 않는다. 진정 지키고자 했다면 덕만과 연맹하여 백제국경수비대를 강화했어야 했다. 또한 미실은 백성을 아끼지도 않았다. "세상을 횡으로 나누면 딱 두 가지 밖에 없습니다. 지배하는 자와 지배당하는 자", "백성은 진실을 부담스러워하고 희망은 버거워합니다. 소통은 귀찮아하며 자유를 주면 망설이죠. 마치 떼를 쓰는 아기와 같습니다", "백성이란 귀를 기울이며 모두 요구뿐이냐. 이것도 해 달라 서섯노 해 날라……다 들어주면 요구가 그칠 것 같으냐? 한도 끝도 없다", "처벌은 폭풍처럼 가혹하고 단호하게! 보상은 조금씩 천천히…… 그것이 지배의 기본입니다" 이것이 미실이 보여준 세상과 백성에 대한 리더로서의 철학이었기 때문이다(이 대사들은 마키아벨리가 『군주론』에서 주장한 내용과 흡사한 점이 많다. 마키아벨리는 지배자의 행동과 판단에서 도덕성은 고려하지 말아야 한다고 주장했다. 즉, 만일 국가가 스스로 유지되기 위하여 악랄함을 필요로 한다면 악랄하게 행할 필요가 있다고 주장했다).

미실의 목표와 가치관은 이기고, 다스리고, 지배하는 것이 최우선이었고 화합과 공존, 공동협력은 없었다. 오직 자신의 자존심과 명예를 지키기 위해서이지 그 아들에게 왕권을 물려주어 이루지 못한 꿈을 이루려고 한 것도 아니었다. 만약 드라마에서 미실이 자살을 선택하지 않고 선덕여왕의 제휴의 청을 받아들여 미실이 진정 더 큰 그릇이라는 것을 보여줬으면 어땠을까? 만약 그랬다면 수많은 인재가 있음에도 불구하고 국론이 분열되어 국가적인 역량을 한곳으로 결집시키지 못한 채 표류하고 있는 오늘날의 대한민국 호號에 좋은 성찰의 실마리를 줄 수도 있었을 것이다.

리더는 긍정적이어야 한다. 리더의 생각과 사고는 구성원에게 전파하기는 힘들어도 전염되기는 쉽기 때문이다. 진정 위대한 리더는 대립과 분열, 비건설적인 경쟁을 조장하며 목표를 달성하는 것이 아니라, 배려·화합·조화를 바탕으로 극대화된 성과를 창출하는 희망과 열정의 퍼실리테이터가 되어야 한다. "눈 덮인 들판을 갈 때 함부로 어지러이 걷지 말지어다. 오늘 내가 남긴 발자취가 뒤를 따르는 사람에게는 이정표가 될 것이니"라는 서산대사의 말씀을 즐겨하신 백범 김구 선생이 떠오른다. 훌륭한 리더일수록 그 뒷모습은 선하며 정갈하고 고귀하다.

리딩 파워(Leading Power)_사람을 이끄는 진정한 리더 이야기

　　마지막으로 『삼국사기』 중 「신라본기」에 의하면 선덕여왕은 비담의 난이 일어나던 647년 1월 8일에 죽고, 비담은 1월 17일에 참했다고 기록되어 있다. 평소 '왕이 편치 못해 의약과 기도도 효험이 없었다', '자기가 죽을 날을 미리 알았다'라는 기록을 통해 선덕여왕이 병사(자연사 또는 쇼크사)했음을 알 수 있다. 비담의 난 때 피살되었을 가능성도 있다고 한다. 선덕여왕도 자살한다는 제작진의 의도는 들리지 않아 그나마 다행이다.

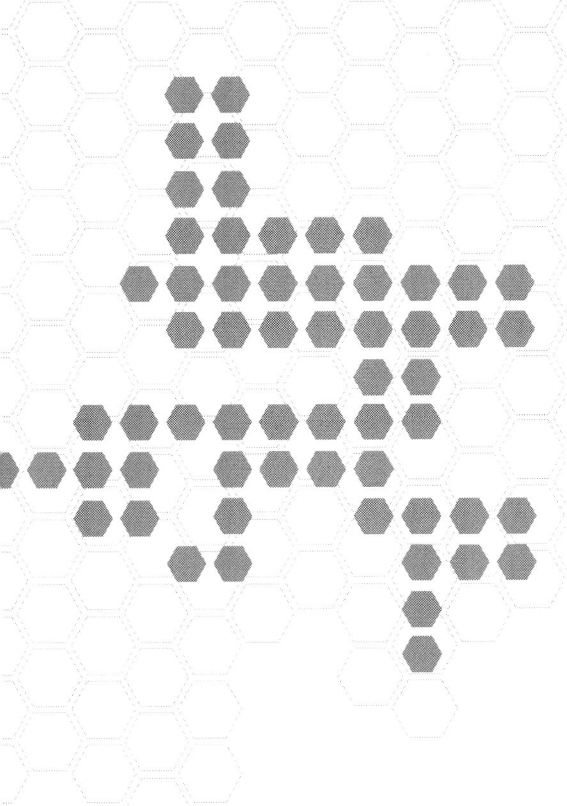

위기의 리더십 1
허드슨 강의 기적

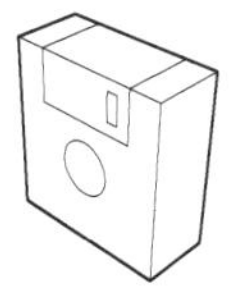

2009년 1월 16일 새벽 5시 반쯤, 뉴욕의 맨해튼 옆을 흐르는 허드슨 강으로 승객과 승무원 155명을 태우고 노스캐롤라이나 샬럿으로 향하던 US에어웨이즈 항공 소속 1549편 항공기(에어버스 A320 기종)가 라구아디아 공항을 이륙한 지 4분 만에 추락했다. 이 사고는 흔히 공항 주변에서 이착륙시 발생하는 '버드 스트라이크' 즉, 조류충돌에 의한 것이었나. 소류충돌은 주로 군집생활을 하며 떼로 이동하는 겨울철새들 때문에 겨울에 발생할 확률이 높은데 겨울철새는 여름철새보다 체중이 더 무거워서 충돌할 경우 대규모 피해가 발생한다. 몇백 그램에서 몇 킬로그램 정도에 불과한 작은 새 한 마리가 B747 점보비행기와 부딪히면 단순히 정비를 위해 항공기를 땅에 세우는 정도를 넘어 화재나 추락까지 연결되는 것이다. 그래서 항공관련자들은 항공기에 부딪히는 새들이 마치 무작정 항공기를 향해 돌진했던 '카미카제

특공대'를 연상시킨다고 해서 '깃털 달린 카미카제'라고 부를 정도라고
한다.

어쨌든 US에어웨이즈 항공기는 침착하게 강물 위로 미끄러지듯
불시착해서 물속으로 가라앉지는 않았고, 소방구조선박과 함께 강을
오가던 여객선들까지 구조작업에 나서 한 시간 만에 155명 승객 모두
가 극적으로 구조되었다. 이 사건을 두고 전 미국은 '감동적인 휴먼
드라마의 연속'(뉴욕타임스), '허드슨의 기적'(AP통신)이라고 극찬하
였다.

당시 US에어웨이즈 항공기의 기장 체슬리 슐렌버거 3세가 보여준
리더십과 승객들이 대처한 팔로워십은 어떠했을까? 그리고 이와 관련
하여 리더십 관련 인사이트insight는 무엇인지 살펴보고자 한다.

위기상황에서는 리더의 역할이 무엇보다도 중요하다. 특히 항공
기의 경우 항로 절차가 매우 표준화되어 있고 기술적으로 잘 통제되어
있기 때문에 보통 상황에서는 기장의 리더십이 크게 주목받지 않는다.
그러나 비정상적인 기계결함, 기상 악화, 조류충돌로 인해 전혀 모르
는 곳에 비상착륙을 해야 할 위기상황에서는 기장의 리더십에 따라 승
객과 승무원 모두의 생사가 좌우되기 때문에 기장의 리더십이 결정적
으로 작용한다. US에어웨이즈 항공기의 허드슨 강 불시착 사고는 한
승객이 다리가 부러지고 일부가 저체온증을 보인 것 외에는 심각한 부

리딩 파워(Leading Power)_사람을 이끄는 진정한 리더 이야기

상자나 사망자는 한 명도 없었다.

항공 전문가에 따르면 이륙 후 최초 몇 분이 비행에 가장 중요한 시점이라고 한다. 고도가 어느 정도 높이 올라가서 이미 엔진이 다 꺼졌을 때 조류충돌 사고를 당했다면, 바로 그 순간의 고도를 활용해서 착륙해야 하는데 이때야말로 기장의 경험과 지식을 총체적으로 활용하여 순간적인 판단을 통해 조치를 해야 하는 때라고 한다. 이때 기장은 3~4분이라는 짧은 시간 내에 옆에 있는 부기장들의 조언을 듣기도 하면서 최종적으로 자신이 판단해서 최상의 목표, 즉 안전한 하강을 해야 한다. 특히 이때는 항공기가 안전하게 하강할 수 있는 활주로가 주변에 확보되어야 하는데 보통 그와 같은 상황에서는 항공기가 다시 활주로로 돌아올 수 있는 동력이 확보되지 않은 상태가 된다. US에어웨이즈 1549편 항공기가 맞닥뜨렸던 상황이 바로 이와 유사하다.

이런 상황에서 슐렌버거 기장은 첫째, 언제 어디서 닥칠지 모르는 모든 위기상황에 대한 철저한 준비와 대응방안을 마련하고 그 분야에서 최고의 전문적 지식과 경험에 근거한 능력을 보여주었다. 항공기가 추락하는 상황에서 강으로 불시착할 경우에는 반드시 수평 착륙을 해야 한다. 이륙 상태를 억지로 유지하거나 지나치게 천천히 착륙하려 할 경우 추락하게 되는데 전문가들은 슐렌버거 기장이 필요한 모든 조치를 완벽하게 해냈다고 평가했다. 그는 미 공군 전투기 조종사 출신으로 19,000시간의 비행 경력을 가진 베테랑 조종사이며, 미 항공조

종사협회ALPA의 항공 안전분야 의장 및 미 연방교통안전위원회NTSB의 항공기 사고 조사원으로 일한 경험이 있는 것으로 알려졌다. 즉, 전문가적인 지식과 경험을 바탕으로 한 리더십을 발휘하여 위기상황을 훌륭하게 극복한 것이다.

둘째, 모든 구성원을 생존시키고자 하는 책임감을 가지고 구성원들을 한 방향으로 이끌어가는 침착하고 봉사적인 리더십을 보여주었다. 사전에 불시착을 예고한 직후 기내에서는 일부 승객들이 비명을 질렀고, 일부는 머리를 무릎 밑으로 숙이며 비상착륙에 대비했으며, 일부는 기도를 하는 등 많은 승객들이 동요했었다고 한다. 그는 불시착을 예고한 후에도 직접 객실로 와서 승객들에게 비행기가 추락할 것 같으니 충격에 대비해 꼭 잡고 버티라고 지시하며 여객기가 강물에 강하게 부딪치는 순간 공포를 느낀 모든 승객들을 안심시키는 일을 직접 수행했다. 위기 상황에서 리더가 당황하고 동요하는 기색을 보이거나 자신부터 살아야겠다고 행동하면 집단구성원들은 리더에 대한 불신으로 인해 부정적인 분위기가 급속히 전파되어 결국 집단전체가 자멸하게 된다. 이런 상황에서는 정신적 침착성, 스트레스에 대한 인내, 전달능력과 구성원을 설득하는 능력들을 갖춘 리더십이 요구되는데 그중에서도 가장 중요한 것은 리더의 침착한 대응이다. 허드슨 강에 추락한 비행기가 화염에 싸여 있는 순간에도 슐렌버거 기장은 자신의 안전은 뒤로 한 채 승객들에게 침착하게 구명보트로 탈출하라는 말을 하

리딩 파워 (Leading Power)_사람을 이끄는 진정한 리더 이야기

며 승객들을 안전하게 탈출시켰다. 또한 비행기 입구에서 승객들이 탈출할 때마다 번호를 부르도록 하고 승객이 모두 비행기를 떠났는지를 확인하기 위해 비행기 안을 두 번이나 살피며 승객 전원을 안전하게 대피시켰다(참고로 슐렌버거는 구출 직후 허드슨 강 주변의 여객터미널에서 대기하면서도 넥타이가 흐트러져 있지 않을 정도로 냉정을 유지했다고 전해진다).

셋째, 구성원들(객실승무원, 운항승무원들, 비행기 승객들)의 기장에 대한 신뢰와 목표달성(생존)을 위한 배려와 단합의 행동을 배울 수 있다. 앞을 내다볼 수 없거나 혼돈의 상황이 되면 구성원들은 심리적으로 불안을 느껴 쉽게 동요되거나 선동함으로써 또 다른 안전사고가 발생하거나 더 큰 위험에 빠지기도 한다. US에어웨이즈 1549편 항공기의 승무원들과 비상구 옆에 자리한 승객들은 사고가 나자마자 비상시 대처요령이 적힌 안전카드를 꺼내 비상구 문을 여는 요령을 숙지하고 여객기가 강에 불시착한 순간 바로 비상구 문을 열고 승객들을 나갈 수 있도록 안내를 담당했다. 또한 승객들이 여객기 뒤쪽의 비상구로 몰리는 상황에서 생후 9개월 된 아들을 안고 있던 한 여성이 아들이 깔려 죽을 것을 우려해 비명을 지르자 승무원들과 다른 승객들은 "이동move, 이동move" 구호를 외치면서 공간을 확보해 주기도 했다. 또 여객기를 빠져나온 승객들이 미끄러운 비행기 날개에서 구명정으로 옮겨 타는 과정에서 다른 승객 3명을 구해낸 60대 고령의 승객, 강물로 뛰어들어 수영을 할 경우 필요한 '방석'을 60대 노인에게 넘겨준 여성 승객, 60대의 노인을 먼저 구명보트에 타게 한 중년의 승객 등 기장과 승무원 그리고 모든 구성원들이 협력하여 슬기롭게 위기에 대처한 것이다. 켈리R. Kelley가 주장하는 팔로워십 이론에 근거해서 US에어웨이즈 항공기의 구성원들의 행동을 보면 이들은 훌륭한 구성원의 조건을 갖추었다고 할 수 있다. 이들은 기장이나 승무원들이 구체적으로 통제하거나 지시하지 않아도 스스로 계획하고 질서정연하게 대처하였으며, 자신의 이익이나 자신의 일만을 위해 행동하는 것이 아니라 다른 사람들과 협조를 잘함으로써 무사히 탈출할 수 있었다. 승객들도 승객들이지만 객실승무원과 운항승무원들이 보여준 이러한 협동과 위기대처 능력은 슐렌버거 기장이 사전에 그만큼 교육과 훈련을 철저하게 실시했다는 것을 의미하며 이것이야말로 탁월한 리더십의 결과라고 할 수 있다. 즉 슐렌버거 기장은 위기에 대비해서 사전에 시스템을 구축하고, 훈련시키고, 준비시키는 사전 위기대응 리더십을 완벽하게 수행한 리더였던 것이다.

원래 '위기crisis'는 그리스어로 '분리하다'를 뜻하는 그리스어의 'Krinein'에서 유래한 것으로써 회복과 죽음의 분기점이 되는 갑작스럽고 결정적인 병세의 변화를 가리키는 의학용어로 사용되었다. 위기는 결코 절망이나 비관해야 할 상황이 아니라 극적으로 긍정적인 성과

리딩 **파워**(Leading Power)_사람을 이끄는 진정한 리더 이야기

를 창조할 수 있는 기회이기도 하다.

　결정적 위기의 순간에는 리더의 역할도 크지만 고난 극복의 경험과 지혜와 용기를 갖춘 구성원의 역할도 크다. 리더십은 한 사람이 먼저 행동을 취하고 위험부담을 했느냐 하는 것으로 정의되는 것이 아니며, 얼마나 용감하냐 또는 창의적이냐 하는 것으로 정의될 수가 없다. 위기의 순간에 필요한 리더십은 절망하거나 좌절이 아니라 리더와 구성원 모두가 함께 희망을 바라보며 앞으로 전진할 수 있게 함으로써 목표를 달성하는 리더십이다. 그렇기 때문에 위기를 돌파하는 것도 미래를 만드는 것도 사람이므로 리더와 구성원은 서로를 돕는 역할을 담당해야 한다. 리더와 구성원이 긍정과 신념을 가지고 합심해서 나아가면 현재의 위기가 또 다른 도약의 기회가 되는 것이다. 마지막으로 위대한 리더는 절체절명의 위기의 순간을 함께 극복한 위대한 구성원들이 있어서 가능하다는 것을 기억해야 한다. 한 사람의 리더는 그의 리더십 능력과 더불어 그를 따른 모든 이들의 신뢰, 힘, 땀, 노력의 상호작용, 그리고 상황의 복합적인 결과로 탄생한다는 것을 반드시 기억하자.

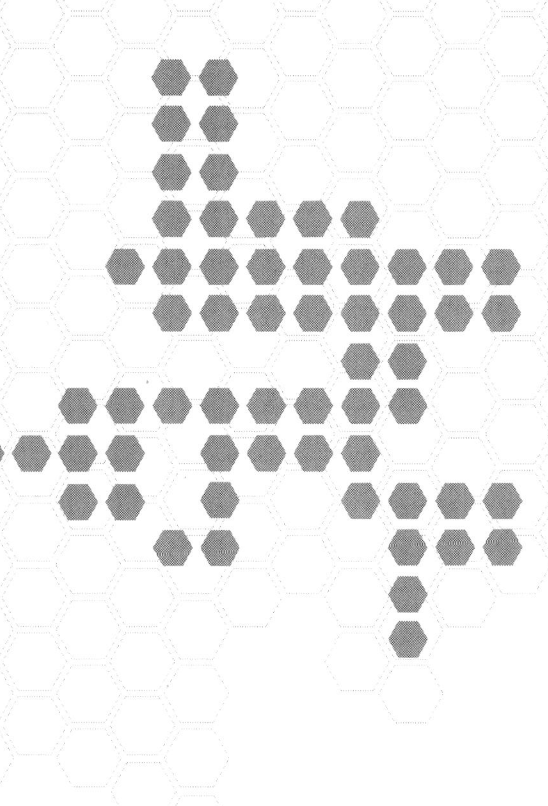

위기의 리더십 2
리더, '희망'의 배달부

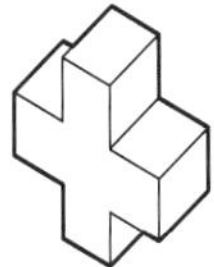

2009년 세계 무역량이 1982년 이후 27년 만에 처음으로 감소할 것으로 예상되고 있는 가운데 정부는 성장동력의 대부분을 수출에 기대고 있어서 마이너스 성장을 예상한다고 발표했다. 또한 경제, 사회가 정상적으로 가동되려면 매년 30만 개의 일자리가 새로 만들어져야 하는데 2009년의 일자리는 30만 개의 6분의 1 수준으로써(약 5만 개) 2월 57만 여명의 내학졸업자늘을 포함해서 100만 실업자의 시대를 피할 수 없을 전망이다.

이런 상황에서는 무엇보다도 국가나 조직에서의 리더의 역할이 중요하다. 위기에 대응해서 목표를 달성하기 위해서는 구성원들에게 동기부여를 하고 이끌어가는 리더의 존재가 조직의 존립에 결정적인 요인이라고 할 수 있다. 즉 위기상황에서 구성원들로 하여금 현상을 직시해서 현상 너머에 희망이 반드시 존재한다는 믿음으로 가슴을 설레게 하고 궁극적으로는 성과를 달성하게 하는 원동력은 바로 리더에게서 비롯된다는 것이다. 공자는 리더를 '희망의 배달부'라고 했다. 그렇다면 희망을 배달하는 리더십이란 무엇일까?

긍정과 여유

위기는 일반적으로 시간관점에서 긴급성을 의미하기도 하지만 장기간에 걸쳐 압박이 가해지거나 화급을 다투는 문제를 뜻한다. 또한 위기는 주요 가치에 대한 위협이 존재하는 동시에 적시적 반응의 기회도 있는 상황을 의미하기도 한다.

이런 위기를 맞으면 구성원은 아드레날린이 증가하고, 긴장 수준을 높이는 호르몬도 증가하여 개인 및 조직의 스트레스를 동반하게 만든다. 스트레스가 최적점을 지나게 되면 산만함과 피로감이 합리적인 추론을 방해하기 때문에, 리더는 구성원의 감정적인 혼돈에 대비해서 구성원을 격려하는 분위기를 조성하면서 위기를 극복하는 것이 중요하다. 긍정적 사고를 지닌 리더들은 위기가 와도 순간적이고 부분적이며 극복 가능한 일로 생각하며, 위기극복에 필요한 조직구성원의 헌신을 이끌어 내는 리더십을 발휘한다.

1980년부터 1988년 사이 2차 오일쇼크, 연 12%의 인플레이션, 러시아와의 냉전, 레바논 사태, 정부 지출 삭감과 감세로 대변되는 '작은 정부'와 규제 완화, 안정적인 금융정책인 '레이거노믹스'의 실패를 경험

리딩 파워(Leading Power)_사람을 이끄는 진정한 리더 이야기

한 미국의 레이건 대통령은 미국 50개 주 중 49개 주에서 일방적인 승리를 거두며 재선에 성공했다. 암살범에게 총상을 입고 긴급 후송되는 동안 피를 토하며 심각한 호흡곤란을 일으키다 수술대에 누운 그는 수술을 맡은 의사들에게 "당신들 모두가 공화당원이길 바랍니다!(레이건은 공화당 출신이므로)"라는 유명한 유머를 선보였다. 수술 후 부인 낸시 레이건에게는 "여보, 미안해. 총알이 날아왔을 때 몸을 숙이는 걸 잊어버렸어!"라고 말해 주위를 온통 웃음바다로 만들었다. 이후 격주 단위로 여론조사를 보고하던 여론조사원이 "각하, 지지율 22%, 역대 대통령 중 재임 2차년도의 공식적인 지지율로는 가장 낮은 수준입니다"라고 말하자 보고를 받은 레이건은 웃으면서 이렇게 말했다. "이보게, 걱정 말게. 다시 나가서 총을 한 방 더 맞으면 되니까." 이러한 레이건의 유머와 긍정의 태도는 당시 경제적으로 힘들었던 미국 국민들에게 희망과 꿈을 주었으며 지지율 70% 이상을 받음으로써 국가적인 위기를 극복하도록 이끌었다.

포기하지 않는 신념

영국 BBC 방송이 선정한 최고 탐험가 10인 중 크리스토퍼 콜럼버스, 제임스 쿡, 닐 암스트롱, 마르코 폴로에 이어 5위에 선정된 어니스트 섀클턴 경은 1915년에 남극횡단을 떠났다. 그러나 탐험대원을 태운 인듀어런스 호가 웨들 해의 부빙 속에 갇혀 난파되자 남극바다를 헤매게 되었다. 상황이 악화되어 새클턴은 탐험대원들에게 1인당 1kg 무게의 짐만을 허용하였고, 대원들은 소중한 물건들을 버리고 이동해야 했다. 대원들은 불신과 갈등에 휩싸이게 되었는데, 어느 순간 새클턴은 한 대원이 버렸던 밴조banjo를 조용히 꺼내 놓았다. 그 순간 모든 대원들은 기상관측의 역할을 제대로 하지 못해서 불신과 따돌림의 대상이었던 그 대원이 연주하는 밴조 음악을 들으며 마음의 평안을 얻어 긍정과 여유를 회복했고, 이 사건 이후에 더욱 단합하여 위기를 극복하게 되었다.

결국 새클턴 경은 755일 만에 대원들 모두와 함께 살아서 돌아왔다. 새클턴 경은 '절대 포기하지 마라', '할 수 있다', '절망하지 않는 한 우리는 살 수 있다'라는 믿음과 확신을 대원들에게 심어 줌으로써 28명 전원이 무사귀환했다.

큰 꿈을 품고 영국 상원의원에 출마했지만 낙선을 한 윈스턴 처칠은 낙심과 실망으로 두문불출하고 있을 때 창밖을 보다가 벽돌공이 한 장 한 장 벽돌을 쌓아 올려 집을 짓는 것을 보고, 절대 포기하지 않겠다는 깨달음을 얻게 되었다. 그 후 처칠은 인생을 다시 시작하게 되어 결국 영국 총리가 되었고 제2차 세계대전에서 승리하는 데 큰 역할을 담당하였다. 처칠은 옥스퍼드 대학 졸업식에서 "절대로 포기하지 마라, 절대로, 절대로, 절대로, 절대로!"라는 유명한 축사를 남기며 제2차 세계대전으로 위기에 몰린 영국 국민들에게 희망을 주고 독일과의

리딩 파워(Leading Power)_사람을 이끄는 진정한 리더 이야기

전쟁에서 승리할 수 있는 원동력을 제공하였다.

현실직시와 구체적인 방향제시

척수성 소아마비에 걸려 혼자 힘으로 걸을 수 없게 된 미국 32대 대통령 프랭클린 루스벨트는 "우리가 두려워해야 할 유일한 것은 두려움 그 자체다"라며 앞으로 전진하려는 데 필요한 노력을 마비시키는 것이 바로 마음의 두려움이라고 했다.

다음은 프랭클린 루스벨트가 1933년 3월 4일 대통령 취임식에서 한 연설이다.

"지금이야말로 실로 명백하게 현상을 솔직하게 그리고 담대하게 말해야 할 시간입니다. 우리는 현재 우리나라가 직면하고 있는 실태를 용감하게 직시해야 합니다. (중략) 많은 실업자가 냉혹한 생존 문제에 직면해 있고 많은 사람이 보잘것없는 적은 보수로 신음하고 있습니다. 우매한 낙천가들만이 이 시점의 암담한 현실을 부정할 수 있을 것입니다. (중략) 우리의 일차적인 최대 과업은 사람들을 취업시키는 일입니다. (중략) 안전장치가 필요합니다. 모든 은행업과 신용 그리고 투자에 대해서 엄격한 감독을 실시해야 합니다. 다른 사람의 돈을 빌려서 투기를 하는 일은 근절해야 합니다. (중략) 이러한 난국은 다행하게도 물질적인 것에만 관련된 것입니다. (중략) 우리의 위기는 본질적인 실패에서 온 것은 아닙니다. (중략) 우리가 현명하게 용기를 가지고 대처한다면 해결할 수 없는 것은 아닙니다. (중략) 우리가 전진하고자 한다면 공동의 선을 위하여 기꺼이 희생을 두려워하지 않는, 훈련이 잘된 충성스러운 군대와 같이 전진해야 할 것입니다."

지금으로부터 76년 전의 연설문이지만 청년실업 100만 돌파, 정규직과 비정규직 문제, 대기업과 중소기업, 첨단산업과 전통산업 사이의 고용과 임금 등의 문제, 미국의 서브프라임 모기지, 리먼브라더스, 빅3 자동차회사의 경영난, 달러의 폭락, 국제신용경색 등으로 인해 위기를 맞은 우리나라 상황에 필요한 연설문 같다.

이렇듯 루스벨트는 현실상황에 대해서 과소평가를 하거나 위협하려고 한 것이 아니라, 현실을 직시하고 구체적인 방향과 대안을 제시함으로써 국민들을 희망으로 이끌어 미국의 발전에 절대적인 역할을 한 대통령으로서 위대한 인물로 인정받고 있다.

"리더는 먼저 꿈을 찾고 다음에 사람을 찾는다. 사람들은 먼저 리더를 찾고 다음에 꿈을 찾는다"는 존 맥스웰John Maxwell의 말처럼 리더는 앞이 안 보이고 극한 고난과 맞닥뜨렸다 해도 그 너머에는 반드시 긍정적인 미래가 있음을 스스로 믿고 구성원들을 앞에서 이끌고 뒤에서 지원해야 한다. 앞에 언급한 새클턴의 희망의 리더십도 반드시 벤치마킹해야 할 덕목이다. 그는 "절망 속에서 죽는 것보다 굶어 죽는 게 낫다"며 유일한 식량인 펭귄고기를 대원들이 비축하는 것을 금지했다.

비축한 식량을 보면서 대원들 사이에 탈출을 못할지도 모른다는 집단적 두려움이 확산되는 것을 미리 막음으로써 전원 생존이라는 목표를 달성한 것이다.

보통 희미하게 날이 밝아오는 무렵을 여명이라고 한다. 여명의 시간대는 천문학적으로 주변이 훤하지만 태양이 뜨기 전 상태인 시민박명, 수평선을 구분할 수 있을 정도의 밝기인 항해박명, 그리고 눈으로 볼 수 있는 가장 어두운 별인 6등성부터 서서히 사라지기 시작하는 시간대를 말하는 천문박명 3가지로 구분한다. 이때는 천문대에서도 별을 관측하지 않을 정도인데 태양은 지평선 아래 대략 18도 정도 되는 위치에 있게 되고, 이 시간대가 날씨변수를 제외할 경우 지상에서 하루 중 가장 어두운 시기라고 말할 수 있다. 그러나 아무리 어둡다 하더라도 한 시간에 태양이 15도 정도로 각속도 운동을 한다고 가정하면 여명의 시간대 중 가장 어두운 천문박명시가 지나면 반드시 해가 떠오른다는 사실은 우리가 희망을 가질 충분한 이유가 된다. 리더는 혼자서 위대한 일을 하는 존재가 아니라 어떠한 상황에서도 구성원들에게 희망이 있음을 믿게 하고 목표를 향해 함께 나아가는 존재가 되어야 한다. 그것이 바로 리더의 존재의 이유이기 때문이다.

인문학과 리더십

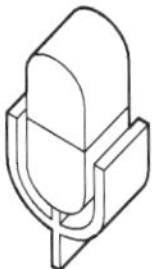

글로벌화, 디지털혁명, 창조경영, 웹 2.0 시대 등의 21세기의 기업 환경은 더욱 급변하고 치열해지고 있다. 세계적인 위기의 시대에 조직의 성과를 높이기 위해 기술혁신, 창의력 개발, 정보혁명 등의 다양한 경영 패러다임 중 최근 부각되는 것이 바로 조직구성원들을 경쟁력 있는 인재로 양성·육성하는 수퍼 리더십super leadership이다. 리더십 이론은 지난 80여 년간 발전해 왔는데 크게 몇 가지로 구분할 수 있다. 리더의 특성이나 특질이 리더십 유형을 결정한다는 특성이론(1930~40년대), 그리고 리더의 일·사람중심의 행동이 리더십 유형을 좌우한다는 행동 이론(1950~60년대)이 있다. 그리고 1970~80년대를 기점으로 구성원의 유형이나 성숙도에 따라 리더십을 달리해야 한다는 리더십 상황이론, 1990년대에는 구성원의 독립적 사고나 적극적 참여라는 태도나 행동유형에 따른 팔로워 유형을 구분하는 팔로워십 이론이 등장했다.

1990년대 말 리더가 아닌 구성원의 자아관리 역량을 중시하는 수퍼 리더십이 등장해서 현재까지 그 효과성이 중시되고 있다.

수퍼 리더십Super Leadership

미시간대학 경영대학원의 노엘 티치Noel Tichy 교수는 가장 효과적인 조직은 조직구성원 스스로가 끊임없이 노력하고 발전하여 모든 구성원을 리더로 육성하는 조직이라고 주장한다. 즉, 모든 구성원이 스스로 셀프 리더가 되고 다른 사람을 육성하는 수퍼 리더가 되어 자율적으로 운영되는 조직이 이상적이다. 그렇다면 수퍼 리더는 구체적으로 누구인가?

'구성원 스스로가 자신을 리드하도록 역량과 기술을 갖추게 하는 리더', '관리와 통제를 하지 않고 구성원에게 최대한 자율권을 부여함으로써 스스로 학습하고 성장해 가도록 도와주는 리더.' 관리자·지배자·감독자가 아닌 충고자·코치·상담자의 역할을 하는 리더 즉, 무조건 '나를 따르라'는 식으로 구성원들을 끌고 가지 않고 구성원 스스로 문제를 파악하고 해결할 수 있는 능력을 배양해 주는 리더를 수퍼 리더라고 한다.

즉 '구성원들의 내면에 있는 잠재능력을 밖으로 끄집어내어 스스로에게 영향력을 행사하면서 업무의 성과를 얻도록 최소한의 영향력만을 행사하는 리더', 누구나 훌륭한 잠재적 능력을 지니고 있다는 가능

리딩 파워(Leading Power)_사람을 이끄는 진정한 리더 이야기

성을 믿고 구성원의 잠재력을 개발시키는 리더이다.

또한 '구성원을 단순히 후계자가 아니라 최종적으로 리더인 '나'를 넘어서는 사람으로 클 수 있도록 도와주는 리더'를 수퍼 리더라고 할 수 있을 것이다.

따라서 구성원들이 셀프 리더가 될 수 있도록 가르치고 이끄는 것이 바로 수퍼 리더십이며, 리더가 될 수 있는 구성원의 내재된 가능성, 역량, 그리고 리더십 에너지를 개발하는 것이 수퍼 리더십인 것이다.

켄 블랜차드Ken Blanchard가 말하는 수퍼 리더십의 4대 역량은 다음과 같다.

• 섬김과 겸손 – 추종자들을 지배하거나 통제하지 않으며 스스로의 한계를 아는 것.

• 비전 제시 – 구체적 상위목표 제시. 목적, 미래상, 가치가 선순환되어 조직이 역동적으로 변함.

• 일일 수행 코치 – 단계별·수준별로 제자들을 지속적으로 돕고 각인시킴으로써 조직성과를 극대화시키는 것. 계획수립 → 평가 → 분석 → 피드백.

• 긍정적 습관 – 교만하지 않고 성찰의 시간을 가질 것. 진실을 말하는 부하를 둘 것.

그렇다면 수퍼 리더십이 발휘되면 어떤 효과가 있을까?

리더가 구성원의 자아개발 의지와 동기부여를 증가시킴으로써 셀프 리더의 역량을 개발하면 구성원의 직무에 대한 만족이나 조직에 대한 충성심 또는 조직몰입이 증가한다. 그럴 경우 구성원은 결근, 직무태만 등의 비효율적인 조직행동을 보이지 않고 이직률은 낮아지며 조직의 인재채용에 드는 비용을 감소시킨다. 결국 수퍼 리더십을 발휘하는 리더는 고성과 인재를 보유함으로써 조직의 성과를 증가시키고 경쟁력을 확보하게 되어 궁극적으로는 조직의 생존과 발전을 이끌어 간다.

역사에 기록된 다양한 수퍼 리더는 누가 있는지 살펴보자.

세종대왕

세종은 수많은 집현전 학자들과 조정의 신하들(송골매 재상 허조, 함길도 도절제사 김종서, 이징옥, 천민 출신의 장영실, 하경복, 여진토벌의 김윤수, 신기전 발명의 최무선, 세종의 왕위등극을 반대했던 황희 등)을 발탁하고 양성했다. 15세기 서방세계는 물론, 아랍세계와 중국의 과학기술 수준을 능가하는 한글, 측우기, 천문학, 금속활자, 세계 최초의 우량계 등을 제작, 발명하도록 수많은 영재를 키운 수퍼 리더였다.

리딩 파워(Leading Power)_사람을 이끄는 진정한 리더 이야기

칭기즈칸

지난 1천 년간 세계를 움직인 가장 역사적인 인물인 칭기즈칸은 자신의 부하이면서 리더의 직무를 수행하는 '부하지휘관'이나 '참모'들을 리더로서의 자질과 능력을 갖출 수 있도록 도와주고 훈련시켰던 수퍼 리더였다.

그는 중앙아시아, 그리스 발칸반도, 모스크바, 베를린 등을 직접 원정하지 않고, 십수 년 전까지만 해도 벌판에서 말을 부리던 보잘것없는 부하들을 대장군으로 양성하여 전쟁에서 승리하도록 이끌었다. 칭기즈칸은 부하 육성의 한 방법으로 전권을 주어 현지의 왕을 임명하고, 인접국가와의 전쟁 여부 결정까지 모든 권한을 위임했다. 또 주위에 많은 인재를 두어 각종 자문에 응하게 하였으며 이를 통해 많은 창조적 전략과 전술을 구사했다. 그가 이끈 몽골 군대의 전법은 그때까지 문명국가에서 통용되던 보병 중심의 일차원적 전법이 아닌 기병, 포병, 보병을 배합한 입체적 전술이라는 점에서 가히 혁명적이라고 할 수 있다. 예를 들어, 스파이망에 의한 정보수집(정보전), 몽골 군대가 가기 전에 적지에 공포를 먼저 확산시키는 심리전, 연막을 이용한 교란작전, 위장과 매복, 회피와 반격의 되풀이, 포로를 화살받이로 이용하는 등 기상천외하고 변화무쌍한 창조적 발상이 가능했던 것은 바로 칭기즈칸이 유능한 참모를 등용하여 그들의 창조성을 격려하고 훌륭한 리더로 육성한 수퍼 리더십의 결과였던 것이다.

예수 그리스도

인류 역사상 위대한 종교 지도자 중 기독교의 예수 그리스도는 자신을 추종하는 12명의 제자들을 직접 선택하고, 개발하고, 지도하여 완벽한 복음 전달의 팀을 구성하였다. 또한 제자들의 잠재력을 인정하고 선교 사명을 위해 그들에게 권한을 주었다. 예수는 십자가 사망과 부활사건 이후 2천 년 동안이나 전 세계에 기독교가 전파되고 세력을 확장하는 데 지대한 역할을 담당할 역량을 겸비할 수 있도록 그 당시 오합지졸의 천민 출신 어부들을 최고의 리더로 육성하여, 현재 약 21억 명의 기독교인의 확장을 이루게 한 진정한 수퍼 리더라고 할 수 있다.

기타

이외에도 홍명보, 황선홍 등의 지도자를 배출한 거스 히딩크 전 대한민국 축구 국가대표 감독이 있다. 또 1986년 국가대표 양궁 코치를 시작으로 1990년 국가대표 남자양궁 감독, 2000년 국가대표 양궁 총감독 등을 역임했으며 현재 대한양궁협회 전무이사, 세계양궁연맹 발전위원회 위원으로 활동 중인 서거원 감독이 있다. 그리고 2006년 3월 WBC월드베이스볼클래식 도쿄돔 승리와 2009년 3월 24일 미국에서 열린 같은 대회에서 한국 야구를 세계 2위에 올려놓은 김인식 감독이 있다. '부상병동 병원장', '재활공장 공장장'으로 불리는 김 감독은 스스로가 뇌경색을 이겨내고 재활에 성공하여 이승엽, 박찬호, 조성민, 추신수 같은 세계적인 선수를 양성한 수퍼 리더이다. 이에 비해 아인슈타인 박사는 천재 물리학자로서 인류역사 발전에 지대한 공헌을 한 것은 사실이지만, 이스라엘 총리직과 브랜다이스 대학 총장직도 거절하는 등 부하를 돌본 적도, 육성하지도 않은 천재 물리학자였을 뿐 수퍼 리더는 아닌 것이다.

이제부터는 구체적으로 요즘 그 중요성이 부각되는 인문학을 통해서 부하를 육성하는 수퍼 리더십의 사례를 살펴보겠다.

인문학

인문학은 정치·경제·역사·학예 등 인간과 인류문화에 관한 정신과학을 통틀어 이르는 말로써 철학·문학·언어학·여성학·예술·음악·역사학·고고학·종교학 등 인간이 처해진 조건에 대해 연구하는 학문 분야이다. 인문과학이라는 개념은 라틴어의 '후마니타스humanitas'에서 유래되었다. 후마니타스는 문자 그대로 해석하면 '인간다움'이라는 뜻이며, 기원전 55년에 키케로가 마련한 웅변가 양성 과정에서 처음 사용되었다. 중세 초기 성직자들은 후마니타스를 그리스도교의 기본 교육 과정으로 채택하여 교양과목이라 부르기도 하였고, 15세기 이탈리아의 인문주의자들은 신에 관한 학문과 대비되는 개념으로 세속적인 문예·학술 활동을 가리켜 '스투디아 후마니타티스Studia Humanitatis'라고 하였다.

　자연과학과 사회과학에서 경험적인 접근을 주로 사용하는 것과는 달리 분석적이고, 비판적이며, 사고적인 인문학에 대한 연구는 시민들에 대한 광범위한 교육의 기준으로써, 고대 그리스까지 거슬러 올라간다. 로마 시대에 기하학·산술·천문학·음악·문법·수사학 그리고 논리학 등 7개 자유 인문 학문의 개념이 만들어졌고 중세 교육의 중요한 부분이 되었다. 르네상스 시대부터 인문학은 전통적인 분야로부터 문학 및 역사와 같이 실용적이라기보다는 오히려 학문적인 과목으로 간주되기 시작하였다. 이렇게 발전하던 인문과학이 정체성을 확보하기 시작한 것은 19세기에 이르러서였다. 이때부터 인문학은 신의 영역과 선을 긋지 않고 오히려 발달하고 있는 자연과학과 구분되기 시작하였다. 20세기에 들어오면서 1·2차 세계대전과 국지전, 냉전 등 수많은 전쟁을 겪으면서 인문학은 실제 민주사회에서 평등원칙에 더 적합한 용어로써 받아들여졌다. 21세기에는 인문학은 실용적 학문으로 각광받고 특히 경영부문과 연관되어 더욱 활발히 연구될 것으로 보인다.

인문학의 기본원리: 자아통찰·성찰

　최근 인문학에 대한 관심이 높아지고 경영 분야의 화두인 리더십과 인문학이 함께 주목받고 있는 현상이 두드러지는데 그 이유는 무

리딩 파워(Leading Power)_사람을 이끄는 진정한 리더 이야기

엇일까?

지금부터 약 2500년 전 소크라테스는 '네 자신을 알라'라는 말을 통해 자신의 내면을 아는 것이 참지식이라고 주장했다. 피터 드러커도 '성공적인 리더가 되기 위해서는 자신을 파악'하라고 주장했다. 이는 자신을 보다 잘 알기 위한 탐색은 효과적인 리더십에 있어서 핵심적인 요소이기 때문이다. 높은 성과에 대한 부담감, 솔직한 비판을 듣기 어려운 현실, 그리고 조직에서의 직책상 약점을 시정하기 어려운 리더들에게는 자신의 모습을 되돌아보고 미래의 비전을 구축하여 향후 효과적인 리더십을 통한 성과 창출을 이끌어 낼 수 있는 자아성찰의 역량이 무엇보다도 중요하다.

21세기 조직구성원들은 단순히 지시받고, 통제받는 차원의 업무를 담당하는 사람들이 아니다. 단순한 업무에도 만족하지 않는다. 정보는 너무 많고 소통은 너무도 빠르다. 이러한 환경에서는 리더, 구성원 모두가 바빠서 사신을 놀아볼 여유가 없다. 이럴 때일수록 우리에게 가장 필요한 것은 통찰의 힘이다. 빠르고 복잡하며 많은 변수들이 우리의 삶을 지배하려는 이 시기에는 보다 선명한 시야를 확보하고 힘을 기르기 위해 통찰의 힘을 키워야 한다. 통찰이라고 하면 '洞察예리한 관찰력으로 사물을 꿰뚫어보는 것, Insight'과 '通察처음부터 끝까지 모두 훑어 두루 살펴보는 것, Overview'을 말한다. 통찰의 힘을 기르는 데 필요한 최고의 자양분이 바로 인문학, 즉 '후마니타스'이다. 현실에의 안주가 아닌, '새로운 돌파를 위한 힘'이 바로 통찰력이며 통찰력의 기본이 바로 인문학인 것이다.

인문학과 리더십

리더십은 리더-구성원, 리더-외부환경(사람) 즉, 리더가 사람에 대해 영향력을 행사해서 집단·조직의 목표를 달성하는 과정이라고 할 수 있다. 대부분의 사람들이 효과적인 리더가 되기 위해서는 스킬이나 역량 강화가 중요하다고 생각하고 그것을 개발하기 위해 노력한다. 그러나 스킬이나 역량 이전에 리더는 자신에 대한 성찰과 '사람'에 대한 소양과 지식을 갖추고 다른 사람을 통솔하는 것이 우선되어야 한다. 자아통찰의 리더는 지나치게 비판적이거나 비현실적으로 희망적이지도 않고, 자신이나 타인에 대해서 정직하기 때문에 좋은 리더가 될 가능성이 높다.

먼저 인문학을 통한 자아성찰과 리더 육성에 관한 영화로는 〈위험한 아이들Dangerous Minds〉(1995)과 〈프리덤 라이터스Freedom Writers〉(2007)가 있다.

〈위험한 아이들〉은 실제 인문학을 통한 자기성찰 교육에 대한 이야기를 다룬 영화이다. 미 해군 장교 출신의 루앤 존슨(미셸 파이퍼)은 미국 캘리포니아 주의 한 고등학교 문제아 학급의 교생으로 배치된다. 그녀는 어두운 환경에서 성장하며 접근하기 힘든 반항 심리를 지니고 있는 학생들에게 꿈을 심어주며 학교의 잘못된 규정을 거부하고 스스로 새로운 커리큘럼을 만든다. 가정의 따뜻한 보살핌이 없이 성장하여 거칠기 짝이 없는 학생들에게 그녀는 영어 시간에 포크가수 밥 딜런의 시적인 노랫말을 먼저 가르치고, 조금씩 문학의 세계로 빠져드는 아이들에게 영국 시인 딜런 토머스의 시를 꺼내 놓는다('Dylan'은 영국 웨일즈 지방의 언어로는 '물결'이라는 뜻이다. 시인 딜런의 시는 삶과 죽음, 창조와 소멸, 성性과 자연을 주제로 삼았고, 강렬한 운율을 띠었다. 김지하 시인은 "나의 생명문학의 탄생의 배경에는 딜런 토머스가 있었다"고 고백한 적이 있다).

〈A Hard Rain's A-Gonna Fall〉, 〈Knockin' On Heaven's Door〉 등의 노래로 유명한 밥 딜런의 원래 이름은 'Robert Allen Zimmerman'이다. 웨일즈의 방랑시인 딜런 토머스를 흠모한 그는 자신의 성을 딜런으로 바꾼 후 1960년대 혼란한 미국의 현실을 가장 정확하면서도 동시에 모호하세 노래보 표현했다. 그리고 "우리는 꿈을 실현하기 위해 싸운다"라고 주장하는 밥 딜런은 미국 민주화 운동의 아이콘 한가운데 서 있던 저항의 아이콘으로 포크송 싱어에서 로큰롤 싱어로 변신하여 로큰롤 명예의 전당에 헌정되었고, 미국 그래미 어워드, 스페인 아스투리아스 왕자상 등도 수상하였다.

"탬버린 연주자여, 연주를 해주오. 난 졸립지도 않아.

갈 곳도 없네. 탬버린 연주자여, 연주를 해주오.

댕댕대는 아침이면 나 그대를 따르리."

"나는 결코 스스로 죽음으로 가지 않으리.

나의 무덤에 묻힐 때, 나의 머리는 높이 날고 있으리."

– 밥 딜런의 노래 가사 중.

"그리고 당신 내 아버지, 그 슬픈 높이에서

이제 제발 맹렬한 눈물로 나를 저주, 축복하십시오.

그 굿나이트 속으로 온순히 가지 마십시오.

빛의 소멸에 분노, 분노하십시오."

– 딜런 토마스의 '시월의 시' 중.

영화 〈위험한 아이들〉에서 루앤 존슨 선생은 빈민가 학생들로 하여금 자기 자신들의 영혼과 잠재력을 믿도록 하고, 사랑하면서 스스로를 성찰하도록 가르쳐줌으로써(물론 낙오하거나 실패하는 학생도 등장하지만) 많은 제자들을 당당한 사회구성원으로 그리고 셀프 리더로 육성하는 수퍼 리더십을 발휘한다.

영화 〈프리덤 라이터스〉는 에린 그루웰 선생과 150여 명의 흑인,

동양계, 라틴계 등 다양한 인종의 학생들이 모여 있는 캘리포니아 윌슨 고교에서 실제 있었던 이야기를 다룬 영화다. 그루웰 선생은 글쓰기와 '안네의 일기' 독서를 통해 학생들이 자신에 대한 성찰을 하고, 변화하고, 옳고 그름을 깨닫고, 더 나은 사람으로 성장할 수 있도록 돕는다. 그리고 그녀는 그들이 대학에 진학하여 대학교수의 길로 갈 수 있게끔 이끄는 등 수퍼 리더십을 발휘한다.

클레멘테 코스

클레멘테 코스는 "인문학은 폭력의 굴레에서 벗어날 수 있는 계기를 마련해 준다"라고 주장하는 인문학의 전도사 얼 쇼리스Earl Shorris에 의해 시작된 사회교육이다. 그는 1995년 뉴욕의 한 교도소에서 살인사건에 연루돼 8년째 복역 중인 비니스 워커라는 여죄수와 우연하게 만남을 가졌다. "왜 사람들이 가난하다고 생각하느냐?"는 그의 질문에 여죄수는 "시내 중심가 사람들이 누리고 있는 정신적 삶이 우리에게는 없기 때문이죠. 극장과 연주회, 박물관, 강연 같은 거 말이에요. 그냥 인문학이요"라고 대답했다.

이후 얼 쇼리스는 로베르토 클레멘테 가정상담센터에서 책을 읽지도 않고, 발레나 콘서트를 보러 극장을 가지 않으며, 반성적 사고를 할 수 없는, 즉 성찰적 사고를 할 수 없는 빈민들을 대상으로 예술사·역사·논리학·철학·문학 등 5과목을 가르치기 시작했다. 소위 '백만달러 교수진'이라 불리는 교수진들은 단순노동, 낮은 급여, 항상 똑같은 방식의 직업훈련, 복지정책, 그리고 무기력 등으로 인해 자아에 대한 인식이나 통찰이 없는 가난한 사람들에게 일상에서 미적인 감상을 끌어내는 예술사와 논리학으로 글을 쓰도록 가르쳤다. 얼 쇼리스는 인문학을 통해 빈민들의 자존감을 회복시키고 자신을 성찰한 빈민들이 자립과 자치의 길로 들어설 수 있음을 실제로 증명해 보인 것이다.

가난한 사람들은 폭력의 장벽에 둘러싸여 있고 생존하기 위해서 폭력에 즉각적으로 반응한다. 끼니를 때우는 것도 바쁜데, 온갖 폭력에 노출되어 그것에 대응하느라 더 바쁜 것이다. 이런 흑인들이 인문학을 통해 성찰적 사고를 배우고 폭력의 굴레에서 한발 떨어져 자신을 응시할 수 있게 된 것이다.

다음은 얼 쇼리스의 실제 상담사례이다.

학생들 중에 데이비드 하우얼스라는 26살 청년이 있었습니다. 덩치가 매우 큰 흑인이었는데 늘 어두운 색의 가죽제품 옷만 입고 있어서 외모가 험상궂어 보였습니다. 성질이 무섭고, 마약 판매로 교도소에 간 적도 있다고 그의 어머니가 말씀해주셨습니다. 어느 토요일 아침 꽤 이른 시간에 데이비드에게서 전화가 왔습니다.

그가 말했습니다.

"쇼리스, 문제가 좀 있었어요."

그 순간 저는 이렇게 생각했습니다. 토요일 아침에 전화를 한 걸 보면, 그는 지금 감옥에 있고, 딱 한 번밖에 할 수 없다는 그 전화를 나한테 한 것일 거다, 하고요.

"무슨 일인데요. 하우얼스 씨?"

"내가 일하는 직장에 여자가 한 명 있는데요, 글쎄 사장한테 나에 대해서 거짓말을 했지 뭡니까? 그 여자는 인간관계가 안 좋아서 항상 나를 시기했었거든요. 정말 열 받더라고요."

"그래서 어떻게 했는데요?" 저는 걱정되기 시작했습니다.

"쇼리스 씨, 당장에라도 그녀를 번쩍 들어서 벽에다 패대기치고 싶었어요."

그 순간 '아! 이 친구가 자기 성질을 못 이겨서 끝내 사람을 죽였구나, 이젠 끝장이다' 하는 생각이 퍼뜩 들었습니다. 그래서 불안에 떨며 물었습니다.

"그래서요, 하우얼스 씨, 어떻게…… 했는데요?"

"쇼리스 씨, 내 자신한테 한번 물어봤지요. 소크라테스라면 어떻게 했을까 하고요."

엘 시스테마EI Sistema

엘 시스테마는 매년 3천 달러 정부지원을 받는 FESOJIV베네수엘라 국립 청년 및 유소년 오케스트라 시스템 육성재단라는 정식 명칭의 베네수엘라 청소년 무료 예술 교육 시스템이다.

베네수엘라는 미스 월드와 미스 유니버스 등 세계 미인대회 입상자를 다수 배출하는 지구촌 최고의 미인 국가(미인학교가 세계적으로 유명함)이자 세계 5위의 석유수출 산유국이다. 또한 반미 및 새로운 사회주의 대통령 차베스 외에도 최근 헌법에 국민들이 음악을 배울 수 있는 권리가 명시되어 있는 '음악의 나라'로 알려져 있다.

베네수엘라는 1975년 오일쇼크 이후 빈곤이 극심해지고 빈부격차가 심해지면서 범죄의 유혹에 빠진 빈민층 아이들이 증가하였다. 엘 시스테마는 경제학자이자 오르간 연주자인 호세 안토니오 아브레우 박사가 수도 카라카스의 한 차고에서 11명의 빈민층 어린이에게 악기 연주 연습을 시작하면서 비롯되었다. 그는 "총 대신 악기를 들어라!"라며 "우리의 목적은 아이들을 전문 연주자로 키우는 것이 아니라(음악과 예술을 매개로 '리더' 양성), 범죄와 마약에서 구출하는 것"이라고 주창하였다.

1975년 이후로 지금껏 30~40만 명의 아이들이 교육을 받았으며, 엘 시스테마는 125개 청소년 오케스트라와 60개의 어린이 오케스트라, 수백 개의 오케스트라와 합창단을 둔 조직으로 성장하였다. 베네수엘

리딩 파워(Leading Power)_사람을 이끄는 진정한 리더 이야기

라 정부의 든든한 지원 아래 청소년 범죄율이 하락했고 빈곤층 청소년들 중에 클래식 인재는 물론 세계적인 음악가들도 속속 배출되었으며, 복지문제 해결에도 도움이 되고 있다.

로스앤젤레스 필하모닉 오케스트라 지휘자 구스타보 두다멜은 세계적인 지휘자로서 엘 시스테마 출신의 멘토이다. 그는 아무리 바쁜 스케줄이 있어도 매년 고향으로 돌아와 후배들을 지도한다. 마약과 폭력으로 얼룩진 아이들의 마음을 음악교육을 통해 치유하고 그들이 꿈을 가지고 세상에 나아갈 수 있는 힘을 주기 위해 현재 15,000명의 엘 시스테마 출신 음악가들이 자발적으로 고향에 돌아가서 교사활동을 하고 있다. 아이들은 오케스트라 연주를 통해 소속감, 결속력, 협동에 대해 배우고 자신이 다루는 악기에 있어 최고가 되고자 하는 의욕과 도전의식도 가지게 되었다. 이제 엘 시스테마는 베네수엘라의 국가브랜드로 전 세계적으로 확대되고 있으며 세상을 바꾸는 힘을 가진 인문학 교육의 재발견이라고 할 수 있다. 엘 시스테마의 시스템은 최고의 멘토링 시스템 중 하나라고 할 수 있다.

그렇다면 멘토링은 무엇인가?

멘토링

"모든 성공한 사람들의 배경에는 한 가지 기본적인 진실이 있다. 바로 어딘가 어떤 방식으로 누군가가 그들의 성장과 발전을 돌보는 멘토가 있다는 것이다."

— 비벌리 케이 박사(Beverly Kaye).

　　멘토링의 역사는 다음과 같다. 호머의『오디세이』에서 오디세이 왕은 아들 텔레마쿠스와 왕국을 친구 멘토에게 맡기고 트로이 전쟁에 참가한다. 오디세이 왕의 친구 멘토가 텔레마쿠스를 훌륭한 왕으로 양육한 것을 직접 10년 전쟁 후 돌아온 오디세이 왕이 보고, 감사와 존경의 뜻으로 친구 멘토의 이름을 따서 명명한 데서 비롯되었다.

　　멘토는 '프로테제(protégé, 피후견인 또는 멘티)에게 자신의 개인적인 경험을 말하며 조언과 도움을 제공하는 역할을 수행하는 자'(Rosinski, 2003), '전문성이 있는 현명한 사람'(Caruso, 1992), '전체적이고, 묵상학습에 기초하고, 영적으로 돌봐주는 큰 그림과 같은 존재'(Cranwell etc., 2004), '학습자와 학습자가 개인적인 성장이 가능하다고 확인한 사람과의 일대일 개발관계를 달성하는 사람'(Cranwell etc., 2004)이라고 할 수 있다.

　　멘토링은 경험과 지식이 풍부한 사람이 구성원을 1대 1로 지도 조언하면서 실력과 잠재력을 극대화하고, 자신들의 기술을 개발하고, 성과를 개선하며 자신들의 학습을 잘 관리하고 돕고 지원하는 것이다. 즉 멘토링은 개인의 장기적인 후원·발전이 가능하고 재능 있는 인재를 끌어모으고 유지함으로써 조직의 성과를 올릴 수 있는 것이다. 역사적으로 유명한 멘토와 멘티는 아리스토틀과 알렉산더 대왕, 하이든과 모차르트·베토벤, 5~6세기 로마 지배의 그레이트브리튼 지역의 아더 왕과 멀린 등이 있다. 코치와 코치 받는 자가 수평적 관계를 유지한다고 하면 멘토와 멘티는 선배와 후배 혹은 상하관계를 바탕으로 한다.

"효과적인 리더는 조직 내의 구성원의 영혼을 움직이며 모든 사람을 리더로 만든다."

— 커트 센스케(Kurt Senske, 루터사회복지센터 CEO)

"리더를 재생산하는 사람들로 채워진 조직이 최고의 조직이다."

— 노엘 티치(Noel Tichy)의 저서 『The Leadership Engine』 중에서,

미시간 경영대학원 교수

"회사에서 가장 먼저 해야 할 소중한 일은 바로 '차세대 글로벌 리더'를 양성하는 것이다."

— 스티븐 코비(Stephen R. Covey)

코칭

'coach'라는 단어는 1500년대 헝가리의 도시 'kocs'에서 만들어진, 4마리 말이 끄는 마차 "kocs"([koach]라고 발음)라는 단어에서 유래되었다. 1950년대 중반에는 영어권 대학에서 '시험 준비를 위해 학생들을 돕는 사람'을 지칭(Zeus & Skiffington, 2005)했다.

현재 활발하게 발전하고 있고 유동적인 분야인 코칭은 원래 비즈니스 세계에서는 인권운동이 생겨나면서부터 출현하였다. 성과보너스를 위해 나이 많은 직원들이 새로운 직원들에게 낭비절감에 관하여 코칭하고(Gorby, 1937), 세일즈 매니저가 판매원들을 코칭하는 것이 발견되었다(Bigelow, 1938). 현대적인 정의의 라이프 코칭은 1950년대 뉴욕 브룩클린 YMCA가 사람들이 삶에서 전개되는 예측 가능한 문제들에 대응하기 위한 심리적·사회적 기술을 학습시키고 카운슬링해 주는 훈련프로그램(Grant & Cananagh, 2004)에서부터 시작되었다. 이후 상업기법과 학문적인 방법론이 결합해서 비즈니스 코칭이 탄생하면서 1980년대에 리더십 프로그램으로 출현하였다(Zeus & Skiffington, 2005).

코칭의 실질적인 발전은 스포츠와 비즈니스 세계가 혼합해서 팀 갈웨이(Tim Gallawey, 테니스), 존 위트모어(John Whitmore, 자동차 경주 챔피언), 데이비드 헤머리(David Hemery, 올림픽 허들 메달리스트), 데이비드 휘터커(David Whitaker, 올림픽 하키 코치), 거스 히딩크(Guus Hiddink, 전前 대한민국 축구대표팀 감독), 노민상(박태환 전 코치), 서거원 감독(대한민국 양궁팀 기술감독), 브라이언 오서(김연아 전前 코치)와 같은 유명한 스포츠 코치들이 역할모델이 되어 발전하게 되었다.

코칭은 계획된 기간에 개인에게 새로운 학습을 안내해주기 위해 사용될 수 있는 방법이자 기법으로써 '추상적인 연습'(Jackson, 2005), '일대일 형태의 지원'(Garvey, 1993), '다른 사람에게 힘을 부여하는 과정'(Whitmore, 1997), '학습과 발전이 일어나게 해주고 성과가 개선되게 해주는 프로세스', '성과, 발전, 성취를 개선시키게 해주는 프로세스' 등으로 정의된다. 또한 심리학, 스포츠 심리학, 교육학을 섞어놓은 기술(Zeus & Skiffington, 2000)이라고도 한다.

성공적인 코칭을 위해서는 프로세스에 대한 지식과 이해가 필요하며 코칭이 일어나는 상황에 적합한 다양한 형태, 기술, 기법이 필요하다(Parsloe, 1999). 코칭은 기본적으로 모든 사람에게 무한한 가능성이 있으며, 그 사람에게 필요한 해답은 모두 그 사람 내부에 있다는 것을 전제로 한다. 해답을 찾기 위해서는 파트너가 필요한데 그 역할을 하는 것이 바로 코칭이라는 것이다(Y형 인간관 - 맥그리거). 코칭에서의 핵심은 질문이다. 질문은 대상자가 해답을 찾기 위해 파트너인 코치가 잠재의식을 보는 도구로써 사용한다. 종류는 특정질문과 확대질문close & open, 미래질문과 과거질문ture & past, 긍정의 질문과 부정의 질문positive & negative 등이 있다.

코칭의 또 다른 핵심은 경청이다. 듣고 질문하는 비율은 8:2가 적당하다. 코칭에서는 부하의 가능성을 최대한 끌어내는 것이 포인트이다. 그러기 위해서 잘 들어야하는 것, 경청이 중요하다. 코칭은 귀로 듣는 1단계(자신의 머릿속을 모두 비우고 부하의 말 자체에 귀를 기울이는 것)와 입으로 듣는 2단계(질문 스킬을 통해 효과를 제고시키는 것), 마음으로 듣는 3단계(부하의 입장에서 부하가 생각하는 사고와 관점)로 구분된다.

코칭은 자아실현형 인재육성인데 부하의 자아실현을 점진적, 지속적으로 서포트하는 시스템이다. 또한 코칭은 경청과 질문의 과정으로 설명할 수 있는데 소크라테스가 외부로부터 강제로 주입하는 교육이 아닌 선천적으로 주어진 잠재능력을 밖으로 잘 끌어내는 역할이 '교육'이라고 정의한 것과 관련해서 이해하면 쉽다.

날마다 변화무쌍하게 돌아가는 21세기의 비즈니스 현장에서, 치열하게 경쟁하며 매 순간 활로를 모색하고 새로운 시장을 개척하고 항상 무엇인가를 결정하고 책임져야 하는 리더에게는 유연성·창의성·감성 등도 중요하다. 그러나 리더에게는 우선적으로 자신과 구성원의 강점과 단점을 인식하고 어떤 점이 사람들에게 동기를 부여하는지, 리더로서 자질을 갖추고 있는지, 어떤 리더십 역량을 강화해야 하는지를 꿰뚫어보는 진지한 자아성찰 즉, 자아통찰의 시간이 필요하다.

리더십은 사람(타인, 구성원)에 대한 이해와 배려가 가장 기본이 되어야 한다. 즉 리더십은 개인(리더, 구성원) 차원의 이익과 조직 차원의 성과를 함께 올릴 수 있는 리더–구성원 간의 상호협력적인 예술이다. 따라서 리더가 사람에 대한 배려와 관심이 기본인 철학·문학·언어학·여성학·예술·음악·역사학·고고학·종교학 등의 인문학을 함양한다면 리더 '자신' 및 '다른 사람'과 함께 조직을 보다 효과적으로 이끌어 갈 수 있는 지름길을 찾은 것이다.

조직에는 리더십이 아니라 '폭력' 수준의 저급한 영향력을 행사하는 리더 아닌 리더들을 종종 볼 수가 있다. 이는 그들이 나쁘거나 악해서가 아니라 어쩌면 '자아성찰'을 하지 않은 한계성에서 비롯된 것일 수 있다.

앞에서 본 바와 같이 멘토링과 코칭은 구성원을 육성하는 수퍼 리더십의 방법론적인 처세술로써 이를 통해서 수퍼 리더십을 발휘하는 것이 효과적이다. 즉, 조직의 리더는 인문학적 교육을 통해 리더 스스로 '자아성찰'을 기본으로 해야 하며 타인에 대한 배려와 이해, 그리고 '과거'와는 다른 새로운 변화에 대한 대처능력(역량)을 함양하고 멘토링과 코칭 역량을 배양하며 자신의 부하를 육성하는 것이 바람직할 것이다.

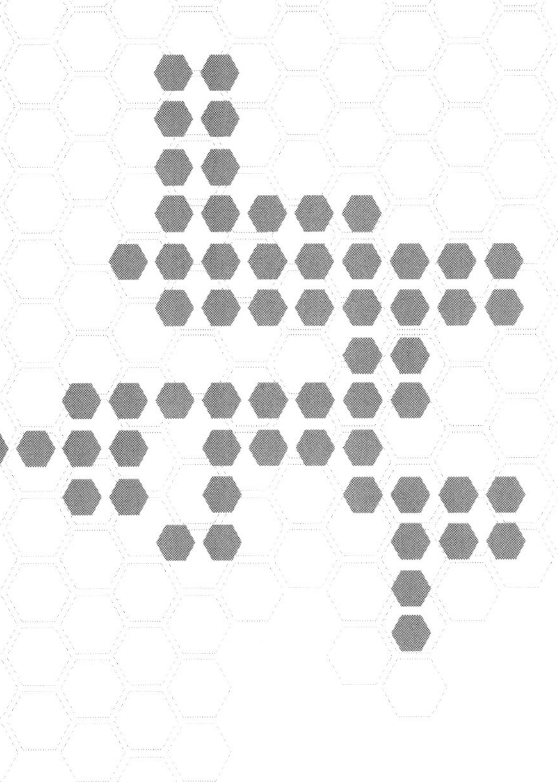

7장

리더십이 영화를 만나면

"나에게는 승리를 위해서 나를 대신해 죽을 부하가 아주 많다." vs. "나에게는 내가 대신 죽어 줄 수 있는 부하들이 많다."

잘 만들어진 좋은 영화를 보는 것은 잘 숙성된 와인과 치즈를 만난 것처럼 마음 설레고 흥분된다. 특히 〈빠삐용〉, 〈에덴의 동쪽〉, 〈쿼바디스〉, 〈로마의 휴일〉, 〈벤허〉, 〈폭풍의 언덕〉, 〈누구를 위하여 좋은 울리나〉, 〈노인과 바다〉 등과 같은 고전 영화들은 시간이 흘러도 사람들로 하여금 재미와 감동, 그리고 인생의 철학과 교훈까지도 얻게 할 만큼 품격 있는 영화라 할 수 있다.

2년 전쯤 페르시아 전쟁을 소재로 한 영화 〈300〉이 3년 전쯤 국내에서 상영되었다. 영화 개봉 당시 영화의 화려한 컴퓨터 그래픽, 스펙터클한 연출, 극적인 플롯, 스토리의 완성도 외에도 스파르타 전사 300

명의 근육질 몸매가 남성들에게 '몸짱' 신드롬을 일으키며 더욱 화제가 되었다. 영화에 출현한 300명의 전사들이 영화 촬영 4개월 전부터 하루 6시간 동안 전문 트레이너에게 훈련을 받는 동영상도 네티즌들의 관심을 받았다.

영화 〈300〉

영화 〈300〉은 〈씬 시티Sin City〉(2005), 〈로닌Ronin〉(2007) 등의 작가인 프랭크 밀러Frank Miller의 만화를 원작으로 워너브러더스Warner Brothers 사가 제작한 영화다. 이 영화는 기원전 5C경 페르시아와 스파르타(그리스) 간의 2~3차 페르시아 전쟁을 배경으로 하고 있고, 페르시아와 스파르타의 두 왕, 그리고 자유와 정의를 위해 목숨을 바친 위대하고 용감한 300명의 스파르타 전사들이 등장한다. 당시 스파르타인들은 자신들이 막강한 힘과 용기, 재치, 성적인 매력을 겸비한 그리스 신화의 영웅 '헤라클레스'의 후손이라고 믿었다. 원래 헤라클레스라는 이름의 뜻은 '헤라의 영광'인데 어원학적으로 보면 여신 헤라의 이름(Hρα, 헤라)과 명예(κλης, 클레오스)라는 낱말의 합성어이다. 그래서인지 영화 속의 전사들은 지극히 명예를 중시하고 야수성과 원시성을 겸비한 근육질 남성으로 묘사되어 있다. 프랭크 밀러의 그래픽 노블에서 역동적으로 나타난 필름 누아르(폭력 영화)적인 요소가 반영되어서, 300여 명의 전사들의 캐릭터는 단순한 복장(팬티와 검붉은 망토)만 걸쳤어도 매우 남자답고 용기 있는 전형적인 마초macho로 고정화되어 있다.

영화의 줄거리는 다음과 같다. 기원전 480년경 페르시아 제국의 왕 크세르크세스 1세는 지중해를 둘러싼 패권전쟁의 일환으로, 스파르타에 땅과 물을 바치라는 자신의 명령을 전하라고 사신을 파견한다. 그러나 스파르타의 왕 레오니다스는 스파르타의 자유와 정의를 수호하기 위해 페르시아 왕의 사신을 죽이고 이에 페르시아는 이를 스파르타에 대한 선전포고로 받아들이고 침공을 감행한다. 그래서 레오니다스는 대를 이을 아들이 있는 군인 중 최정예 대원 300명을 모집하여 테르모필레Thermopylae 협곡에서 100만의 페르시아 부대와 전투를 벌인다.

이 영화는 철저히 스파르타인의 시각으로 진행되는데, 실제 스파르타에서는 원로원이 태어난 지 몇 개월이 지난 아이들을 몸이 약하다고 판정하면 벼랑 끝에 던져버리고, 살아남은 사내아이들은 아고게agoge라는 엄격한 국가주의 훈련을 통해 용맹스러운 군인으로 양성되었다. 그들은 애국심과 강한 체력을 겸비한 군인 양성을 목적으로 했고, 전쟁터에서 국가를 위해 '아름다운 죽음'을 맞이하는 것이 최고의 영광으로 생각하게끔 관리되었다. 그렇기 때문에 영화에서 레오니다스 왕이 "Prepare the glory!우리의 명예를 위해 나아가자"라고 외치며 전투에 뛰어들 때 300명의 전사는 단 한 명도 흔들리지 않고 왕과 함께 장렬하게 최후를 맞이할 수 있었던 것이다(이 영화에서는 이 부분에 대한 설명이 조금 부족해서인지 스파르타인들의 광기 어린 혹은 다소 무모한 애국심이라고 보일 수도 있다). 그들은 "왕이시여! 곁에서 죽게 돼 영광입니다"라는 말을 남긴 채 왕과 함께 죽어간다. 이 이야기는 실제로 수많은 유럽문화권의 영웅이야기의 모범이 되었을 뿐만 아니라 스파르타인들의 용맹성을 알려주는 역사적인 사건으로써 2500년이 지난 지금까지 전해 내려오고 있다.

이제 영화 〈300〉이 단순한 고대 전쟁영화나 컴퓨터 그래픽을 이용한 오락용 영화라는 평가에서 벗어나, 페르시아 왕과 스파르타 왕의 리더십을 살펴보기로 한다.

역사는 흔히 '승자를 위한, 승자에 의한, 승자의 기록'이라고들 한다. 따라서 승자가 기록한 역사는 자유와 정의를 추구하는 가치로 미화되고 전쟁의 원인을 선과 악의 대립으로 단순화시키기 쉽다. 이해관계에 따라 끊임없이 왜곡되기 때문에 역사적인 사실을 단지 흑백 논리만으로 판단하는 것은 위험하지만 이 영화에도 당연히 선과 악, 좋은 자와 나쁜 자가 등장한다.

대표적인 악한 인물이 바로 페르시아의 왕 크세르크세스 1세 Xerxes I 이다. 역사가 헤로도토스는 크세르크세스를 두고 "이들 수백 수십만 명 가운데 준수한 용모와 훤칠한 키로 크세르크세스와 통수권을 다툴 만한 자는 아무도 없었다"라고 평가한 바 있다. 실제로 크세르크세스 1세는 구약성경에 나오는 아하수에로 왕이며 유대인 출신의 여왕에스더의 남편이다. 성경에서도 그는 성격이 난폭하고 강력한 통제력을 발휘하는 것으로 기록되어 있다. 영화 〈300〉에 묘사된 크세르크세스 왕은 지나치게 화려한 치장을 하고 지극히 높은 신분임을 거듭 강조하는 장면이 여러 차례 나온다. 이는 절대적인 권력을 확보하기 위한 카리스마적 리더의 인상관리image management에 속한다. 현존하는 크세르크세스의 동상에는 '그는 아버지가 선택한 아들이다'라는 말이 새겨져 있는데 여러 형제들 중에서 택함을 받고 왕위에 오른 그는 언제나 권위를 확인하고 내세우고 싶어 했으며, 인간의 한계를 넘은 '신'의 자격으로 백성들 위에 군림하려 했다. 영화에서도 그는 매우 정치적이고 잔인한 행동을 서슴지 않는데 부하들에게는 자신이 세계의 지배자, 신神 중의 신, 왕王 중의 왕으로서 "나는 관대하다I am generous, kind"는 것을 강조하며 부하들 위에 절대적으로 군림하는 것으로 묘사되었다.

이와 대비되는 선한 인물이 스파르타 왕 레오니다스Leonidas이다. 그리스어로 '사자의 아들'이란 뜻의 이름을 가진 레오니다스는 아길라드 왕조 출신의 제17대 스파르타 국왕 아낙산드리다스 2세의 아들이다. 레오니다스 왕은 헤라클레스의 후손으로서 자신의 배다른 형제인 클레오메네스 1세의 뒤를 이어 스파르타 왕이 되어 그의 딸(영화에서 고르고 여왕)과 결혼하였다.

이 영화에서 리더십 인사이트insight를 주는 명장면은 크세르크세스와 스파르타의 왕 레오니다스의 부하에 대한 이견異見이다. 레오니다스에게 무모한 전쟁을 하지 말고 회유하기를 권하다가 실패한 크세르크세스는 "나에게는 승리를 위해서 나를 대신해 죽을 부하가 아주 많다"고 레오니다스 왕을 협박한다. 그러자 레오니다스는 "나에게는 내가 대신 죽어 줄 수 있는 부하들이 많다", "너는 노예를 많이 가졌고 나는 부하와 전사를 많이 가졌다"라고 대답한다. 결국 300명의 전사들은 레오니다스 왕, 그리고 7000여 명의 그리스 연합군과 함께 100만의 페르시아 대군에 대항하여 전투를 벌이다 장렬히 전사한다. 그러나 레오니다스 왕의 부하에 대한 신뢰는 부하들로 하여금 혹한과 죽음에 대한 두려움을 극복하게 하고 죽을힘을 다해 싸우게 만들었다는 사실에 주목할 필요가 있다. 레오니다스 왕은 가장 진실할 수밖에 없는 죽음을 앞둔 순간에 죽어가는 부하로부터 원망이나 증오가 아니라 "왕이시여! 곁에서 죽게 되어 영광입니다"라는 충성을 얻는다.

드라마 〈불멸의 이순신〉

몇 해 전 드라마 〈불멸의 이순신〉에서 이순신 장군은 "나는 이 바다에 수많은 부하와 백성을 묻었다. 누구 하나 아깝지 않은 목숨이 없었다. 할 수만 있다면 내 목숨과 바꾸어서라도 그들을 살릴 수 있다면 그렇게 하고 싶었다"라고 말했다. 청렴결백, 공평무사, 정직을 몸으로 실천하여 백성과 군사들의 두터운 신뢰를 얻었던 이순신은 부하에 대한 사랑과 신뢰를 몸소 보여준 리더였다. 그는 자신의 안위보다는 전장에서 부하들을 먹일 군량미 확보와 무기를 수습하기 위해 몸소 뛰어다녔다. 삼도수군이 전멸된 후 이순신이 지리산을 중심으로 남부지방 장정에 나서자 피난을 떠난 백성들은 집으로 다시 돌아오고, 도주했던 패잔병들은 이순신의 군대로 모여들었다. 이는 부하와 백성들에게 신뢰를 얻은 리더의 모습 그 자체라고 할 수 있다. 그는 이순신이라는 이름 하나만으로 부하들을 결집시키고 애국충정의 사기를 진작시켰다. 공사公私를 엄격히 구분하고 청렴했던 이순신은 일부 상관들에게 미움을 받기도 했으나, 부하들은 그에게 무조건적인 신뢰를 부여했다. 신뢰하는 부하가 존재했기에 이순신은 모든 기반이 무너진 상태에서도 13척의 군선으로 왜적선 133척을 격파하는 대승을 이끌어낼 수 있었던 것이다. 아무리 뛰어난 지략과 전술을 구사하는 장군이라 할지라도 그를 진심으로 신뢰하고 따르는 부하가 없다면 무슨 승리를 거둘 수 있겠는가?

영화 〈K-19〉

〈K-19〉는 냉전체제가 한창이던 1961년에 미국이 레닌그라드와 모스크바 사정거리에 핵잠수함을 배치하자, 소련도 이에 맞서 최첨단 핵잠수함 K-19를 건조하는 실화를 바탕으로 한 영화이다. K-19는 대서양 항해 도중 원자로 냉각기에 구멍이 생겨 거대한 방사능 폭발의 위험한 상황에 처한다. 근엄한 원칙주의자인 소련군 함장 알렉세이(해리슨 포드)는 잠수함 폭발이라는 생존의 문제와 함께 제3차 세계대전

발발 가능성이라는 극한 상황하에서 "내가 없으면 너희는 아무것도 아니다. 나 또한 너희가 없으면 아무것도 아니다"라고 말한다. 이렇게 부하를 존경하고 신뢰하는 함장에게 감동한 K-19의 승무원들은 제3차 세계대전의 발발을 막기 위해 방사능 보호복도 없이 원자로에 뛰어들어 방사능 폭발을 막고 세계 평화를 유지하게 된다. 이 영화도 결국 부하를 신뢰하는 리더가 부하들로 하여금 극적인 예상외의 성과를 내도록 하는지를 보여준다.

흔히들 리더십의 정의를 '목표달성을 위해 리더가 개인(또는 조직)에게 영향력을 발휘하는 것'이라고 주장하거나 그렇게 믿는 사람들이 많다. 그러나 필자는 리더십을 '리더-구성원이 획기적인 목표를 달성하기 위해 서로 신뢰하고 존중하며 도와가는 일련의 상호과정interactive supporting process'이라고 생각한다. 영화 〈300〉에서 레오니다스 왕이 아들에게 했던 "머리와 가슴으로 싸워라. 부하를 존중하고 명예를 중시하라. 진정한 힘은 네 옆의 전사에게서 나온다. 그를 존경하고 명예를 지키면 너도 존경받는다"라는 말과 일맥상통한다.

이렇듯 리더는 구성원의 인정과 존경, 그리고 그들의 헌신과 몰입이 있어야 영향력을 효과적으로 발휘할 수 있는 존재다. 구성원은 하급자나 역량불량자가 아니다. 구성원은 리더를 지원하고 보좌하면서 리더를 돋보이게 하고 리더로 부상하게 하는 최상의 파트너이다. 그렇다면 구성원이 헌신과 몰입을 할 수 있게끔 하고, 리더로서 인정받고 힘을 부여받을 수 있는 최선의 방법은 무엇일까? 그것은 바로 구성원을 먼저 존경하고 신뢰하는 것이다. 대부분 존경과 신뢰는 아랫사람이 윗사람에 대해서 발휘하는 것으로 알지만 진정한 리더는 구성원을 존경하며 신뢰함으로써 그들로 하여금 불가능한 목표를 달성하고 성과를 극대화시키도록 이끈다. 구성원은 예민하다. 항상 깨어 있다. 그리고 영민하다. 구성원에게 진심으로 존경과 신뢰를 보이고 먼저 베푸는 리더에게는 일방적인 명령, 복종, 모욕 등을 주는 리더보다 배신을 하는 부하가 상대적으로 적다(물론 이런 훌륭한 리더에게도 배신을 하는 부하가 종종 있다. 그러나 이런 부하들은 오래 가지 않는다).

조직에서는 리더를 보필하고 직무수준에 맞는 업무수행능력을 갖추거나 혹은 향후에 갖출 자질이 있는 사람을 리더 스스로 직접 발굴하고 선택하는 경우가 대부분이기 때문에, 리더의 수준·성향과 유사한 구성원들로 조직이 구성되는 경우가 많다. 따라서 리더는 (모든 구성원은 아니지만) 구성원을 하위의 개념인 부하subordinate가 아니라 '리더의 수준으로 상승할 수 있는 자질을 개발해야 하는 존재'로 인식해야 한다. 구성원은 테크닉과 기술은 아직 미약하지만 개발 잠재력이 있는 존재이기 때문에 스스로 커야 하고 또 리더가 키워야 한다. 그래서 리더에게는 크나큰 인내심이 필요한 것이다. 마치 걸음마를 가르치는 부모의 심정으로 인내하듯이 구성원의 성장을 지원하고, 기다리고 또 기다려야 한다.

리더가 진정성authenticity을 가지고 구성원을 존경하고 신뢰함으로써 구성원으로부터 자연스럽게 부여받는 것이 바로 리더십이다. 리더십은 가지려고 해서 갖춰지는 것이 아니라 구성원에게 부여받는 것임을 기억하자. 구성원이 리더로 인정하지 않으면 구성원은 순응과 순종을 하는 것처럼 보이는 '하위직급의 존재'이지 리더를 보좌하거나 리더의 파트너 혹은 동반자가 될 수는 없다. 그런 구성원을 가진 리더는 더 이상 리더가 아니다.

구성원들이 가장 바라는 것은 자신을 믿어주는 상사의 신뢰이다. 구성원은 상사의 신뢰를 받으며 성장하고 리더를 지원하고 헌신한다. 어떤 구성원에게 헌신을 원한다면 지금 당장 진심으로 신뢰하고 있음을 보여주라. 구성원에게 진심으로 존경과 신뢰를 먼저 보여준다면 당신은 이미 성공한 리더의 길에 첫 발을 디딘 것이다.

그리고 현재 당신의 리더십 수준을 진단하고 싶으면 '나에게 믿을 만한 구성원이 있는가?'라고 한번 자문해 보라(단, 이때 혼자만의 착각이나 과대망상을 해서는 안 된다. 처절하게, 객관적으로 자문해 봐야 한다). 아니면 '내가 존경하고 신뢰하는 구성원이 몇 명이나 있는가?'하고 헤아려 보라. 어쩌면 그것이 현재 당신이 발휘하고 있는 리더십의 수준일지도 모른다.

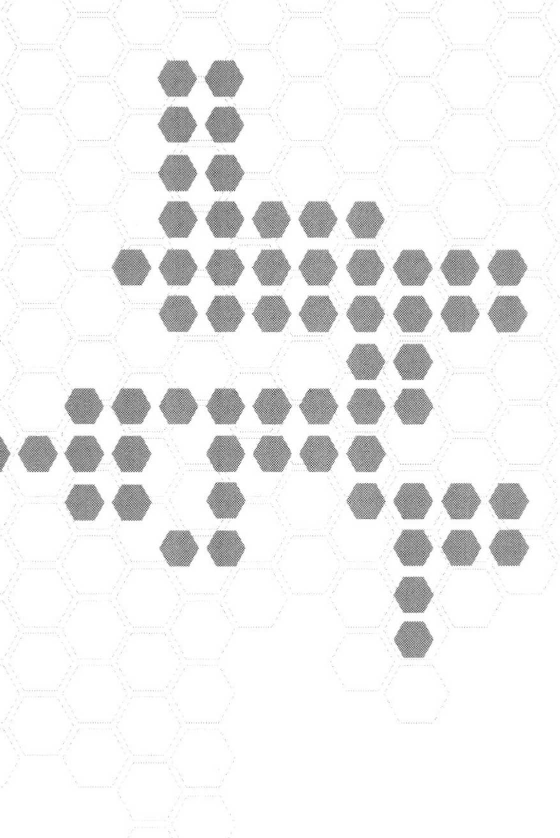

라이언 킹 vs. 라이언 퀸
리더 이미지, 리더 역할모델에 대한 편견과 오해

2009년 12월 MBC 방송국의 창사 48주년 자연다큐멘터리 특별방송으로 〈라이언 퀸〉 '1부 초원의 여전사들', '2부 위대한 유산'이 방영되었다. 이 프로그램에는 아프리카 초원을 배경으로 아름다운 자태의 가젤, 초식동물 누, 날개만 2m가 넘는 주름얼굴대머리수리, 사냥꾼 치타, 야비하고 약탈을 일삼는 하이에나, 플라밍고, 코끼리, 버팔로, 홍멧돼지 등의 다양한 동물들이 등장했다. 뿐만 아니라 탄자니아 세렝게티 국립공원에 서식하는 사자들의 삶과 생활을 놀라우리만치 생생하게 화면에 담았다.

이 프로그램의 주인공들은 취재진이 9개월 동안 밀착 취재하여 촬영한 사자 무리 '마시 프라이드'와 '심바코피 프라이드'의 사자들이다 (심바는 '사자', 마시는 '습지', 프라이드는 '무리'란 뜻의 아프리카 스와힐리어이다). 사자는 무리생활을 하는 동물들 중에 힘의 크기와 상관없이 무리의 연장자가 리더 역할을 맡아서 막중한 책임과 임무를 다하는 고양이과에 속하는 동물이다. 마시 프라이드에는 늙은 어미 1마리와 성장한 딸 사자 3마리, 이 네 마리의 암사자들이 양육하는 새끼 11마리와 수사자 2마리가 집단생활을 한다. 이빨이 무디지만 날카로운 발톱과 빠른 발을 가져서 혼자 달려도 사냥이 가능한 치타는 무리 지어 살지 않는 반면 사자는 사냥을 하기 위해서 무리 지어 산다. 성공보다 실패할 확률이 높은 사냥에서 사자 혼자서는 아무것도 할 수가 없기 때문이다. 사자는 스피드가 빠른 초식동물을 사냥하기 때문에 암사자들이 매복조와 공격조로 역할을 분담해서 먹잇감을 사냥할 수 있는 구조로 집단생활을 한다.

이 프로그램이 충격적이었던 까닭은 필자가 기존에 가지고 있었던 수사자에 대한 편견과 환상을 사정없이 깨버렸기 때문이다. 실제로 사자 무리가 위험한 상황에 닥쳤을 때, 만화영화 〈라이언 킹〉에서처럼 새끼를 지켜주는 수컷 아비 사자의 모습은 전혀 볼 수 없었다. 새끼 사자에게 먹이를 주거나 보호하고 사냥을 가르치는 일은 수사자가 아니라 암사자였던 것이다. 수사자는 무리에 소속된 동안 암사자가 자리를 비울 때 보초를 맡아 경계 수비의 일을 하고, 종족 번식의 기능 정도만 했다. 수사자는 그 대가로 암사자에게 먹이를 공급받아 먹고 사는데, 먹이가 없을 때에는 하이에나, 치타와 같이 암사자가 사냥해온 먹잇감

리딩 파워(Leading Power)_사람을 이끄는 진정한 리더 이야기

을 빼앗아가는 약탈자로 변신한다. 마치 '지킬 앤 하이드'처럼. 화면에 나타난 수사자의 실체는 이제까지 막연하게 알아왔던 동물의 왕, 사자 무리를 대표하는 리더가 결코 아니었다.

게다가 수사자의 트레이드마크인 갈기는 실제로 수사자가 사냥할 때 사냥감에게 들키게 되는 원인이 되기 때문에, 스스로 먹고사는 문제에도 도움이 안 되는 비현실적이고도 허망한 신체의 한 부분일 뿐이었다. 18개월이 지나면서 그 길이가 급속하게 자라는 갈기는 납작 엎드려도 들킬 확률이 99%이기 때문에, 수사자는 먹이사냥에 도움이 안 된다는 이유로 무리에서 쫓겨나 독립생활을 해야 한다. 원래 수사자의 갈기는 가장 취약한 목덜미를 보호하는 도구일 뿐 수사자의 힘이나 권력을 상징하는 것이 아니었다. 수사자는 보통 6개월에서 5년까지 사자 무리에서 서식한 후 다른 무리로 떠나거나 방랑자가 되어 혼자 살기도 한다.

수사자가 사냥을 할 때 방해가 되는 것은 갈기와 더불어 큰 머리다. 수사자는 머리가 무거워서 잘 뛰지도 못하고 질주속도도 떨어져서 사냥에 거의 실패한다. 목표로 삼은 사냥감의 몸에 훌쩍 뛰어올라 목을 물어뜯어야 하지만 머리가 크고 무거워 잘 뛰어오를 수가 없다. 그래서 결국 거추장스러운 갈기가 없는 암사자가 대신 사냥감의 목을 물어뜯고 무리의 생존을 담당하여 권력을 잡게 된 것인지도 모른다. 보통 사자의 사냥 성공률은 15%인데 수사자는 암사자에 비해 더 낮기 때문에 결국 수사자는 암사자들이 사냥을 나갈 동안 새끼들을 지켜주고, 그 대가로 암사자가 사냥해온 먹이를 얻어먹는 어처구니없는 처지로 살고 있었다. 수사자는 사냥에 실패하면 물과 풀을 먹으며, 암사자에게 먹이를 얻어먹거나 혹은 빼앗아 먹으면서 연명한다고 하니 수사자에 대해 우리가 갖고 있었던 위엄이나 권위 같은 것은 환상일 뿐이었다(정말 요즘 유행어인 '찌질이'스러워 보였다).

이렇게 수사자가 실망스러웠던 반면 그나마 다행이었던 것은 사자무리에는 무리를 이끄는 암컷 어미 사자가 있었던 거다. 암사자는 오직 식구를 책임지기 위해 끊임없이 사냥하고 먹이를 구해오는 지극한 모성을 보여주었다. 암사자는 생명을 위협하는 적(치타, 하이에나, 때로는 철없고 능력 없고 생각 없는 수사자들)과 맞서 싸우며 무리를 이끌고 있었다. 마시 프라이드에 사는 '희망', '비전'이란 뜻의 이름을 가진 암사자 마오노는 새끼를 낳고도 생존율이 30% 정도인 새끼사자들의 안전을 위해 태어난 지 약 6주간은 육아에만 전념하였다. 마오노는 용변을 보고 먹이를 구하러 나갈 때를 제외하고는 몸을 뒤척이기도 힘든 좁은 동굴 안에서 종일 새끼들을 돌본다. 마오노는 힘들게 사냥해온 먹잇감을 자신이 먹지 않고 새끼들이 다 먹고 일어날 때까지 보초를 서고, 그리고 기다렸다가 혀로 깨끗하게 핥아주고 씻어주면서 모든 것을 희생하는 지독한 모성애를 보여준다. 이 다큐멘터리에서 암사자는 수사자를 믿지도, 의지하지도 않는다. 잃어버린 새끼를 찾아 초

리딩 파워(Leading Power)_사람을 이끄는 진정한 리더 이야기

원을 헤매는 것도 수사자가 아닌 암사자 마오노였다. 암사자는 항상 깨어서 무리를 지키는 주인이었다. 그들은 사냥에 동참하지 않은 동물들과도 기꺼이 먹이를 나누어 먹었다. 게다가 혈연관계를 바탕으로 모계공동체를 구성하여 철저한 역할분담과 규율을 통해 최상의 팀워크를 이루고 있었다(사자들은 어미 사자가 죽으면 할머니나 이모 사자가 새끼들을 양육한다). 세렝게티의 칠흑 같은 밤에 큰 소리로 포효하며 '사자들의 땅'임을 선포하는 것도 암사자들의 몫이었다.

동물의 왕으로 알려진 사자들의 리더는 당연히 수사자일 것이라는 우리들의 생각은 몇몇 정보에 의해 자연스럽게 세뇌되어 왔기 때문이 아닐까 생각하게 되었다.

만화영화 〈밀림의 왕자 레오〉

사자에 관해 처음 왜곡된 정보를 얻은 것은 일본에서 '만화의 신'이라 불리는 전실적인 만화가 데쓰카 오사무(1928~1989)의 〈밀림의 왕자 레오Kimba the White Lion〉라는 어린이 만화를 통해서다. "아프리카 밀림은 동물의 왕국, 레오 레오 레~오, 흰사자 레~오"하는 주제가를 모르는 70, 80세대는 드물 것이다. 〈밀림의 왕자 레오〉는 1967년 일본 애니메이션의 초기 대표작인데, 1965년 후지TV를 통해 첫 번째 TV 시리즈가 약 1년간 방송되었고 우리나라에서도 1970년대에 TV로 방송되면서 선풍적인 인기를 끌었다. 당시 〈밀림의 왕자 레오〉는 〈마징가 제트〉, 〈아톰〉, 〈캐산〉, 〈은하철도 999〉, 〈톰과 제리〉, 〈뽀빠이〉 등과 함께 어린이들 사이에서 최고 인기를 누렸다. 지난 1989년에는 TV 시리즈 〈정글대제 신新〉이 TV도쿄에서 방송되었고, 극장판으로는 1966년 〈정글대제〉, 1997년 〈정글대제 신新〉이 개봉되었다(신작에는 오리지널 리메이크가 아닌 전혀 다른 이야기로 전개된다).

아프리카에서 흰 사자가 태어나는 것은 극히 드문 일로써, 알비노 현상(albinism, 백색증)이 아닌 유전적으로 태어날 확률이 매우 적기 때문에 흰 사자는 아주 희귀하다. 백색증이 있는 동물들은 보호색이 없으므로 야생에서 살아남기 힘들다. 그러나 1975년 남아프리카공화국의 크루거 국립공원에 인접한 팀바바티 야생지역에서는 지난 수세기 동안 흰 사자(새끼 흰 사자 두 마리와 어미 사자)가 발견되기도 했다(수컷 흰 사자는 여기에서도 발견되지 않았다). 전 세계적으로 30마리 정도 살고 있는 백호는 백색증이 있는 것이 아니며, 벵골호랑이한테서는 1만 분의 1의 확률로, 시베리아 호랑이한테서는 10만 분의 1의 확률로 일어나는 돌연변이다.

본론으로 돌아가서 만화영화 〈밀림의 왕자 레오〉의 줄거리와 등장인물은 다음과 같다.

인간의 침략으로부터 밀림을 지키는 흰 사자 왕 판자는 레오(킴바)의 아버지이다. 어느 날 판자는 새끼를 밴 아내 에라이자가 사냥꾼의 총에 맞으려는 순간 아내를 구하고 대신 총에 맞아 죽어가며 "(장차 태어날)아이의 이름은 레오라고 해달라"는 유언을 남긴다. 그러나 에라이자는 판자를 죽인 사냥꾼들에게 붙잡혀 영국으로 가는 배에서 레오를 낳는다(사람으로 치면 레오는 아버지의 얼굴도 못 본 유복자인 셈이다). 에라이자는 레오에게 아버지의 뒤를 이어 밀림을 수호하라며 레오를 바다로 뛰어들게 한다. 레오는 사람의 손에서 길러지다가 아버지의 땅인 '판자의 숲'으로 향하며 고난의 여정을 시작한다. 레오는 어머니에게서 들은 '판자의 숲'을 찾아 중앙아프리카로 가게 되고, 그 여정에서 여러 동물들을 설득하며 밀림의 왕으로서의 세력을 넓혀 간다.

이 만화영화에는 레오의 암사자 친구 라이하(나중에 레오와 결혼하여 새끼들을 낳는다), 레오의 정보통 앵무새 코코(폴리), 겁 많은 사슴 토미, 레오의 멘토링을 담당하는 얼음산 어머니 등의 캐릭터들이 등장한다(이들 캐릭터는 뒤에 언급될 만화영화 〈라이온 킹〉의 캐릭터에 그대로 반영된 것처럼 보인다). 카피하는 것으로부터 창의적인 제품들을 만들어서 전 세계 시장을 공략하던 일본의 입장에서는 몹시도 배가 아플 수 있을 것 같다.

어쨌든 레오는 기존 체제를 굳힌 난폭한 사자 무리와 밀렵꾼들의 침입 등 수많은 시련을 이겨 내면서 소년기를 거쳐 드디어 청년기의 수사자가 되어 간다. 레오라는 수사자는 결국 사자 무리를 보호하고 이끌면서 판자의 숲을 지켜나가는 멋진 수사자의 모습으로 성장한다. 등장인물 중 암사자인 에라이자, 라이하, 얼음산 어머니 등은 레오라는 중심인물figure의 배경context이 되었으며 조언자의 역할을 담당하는 것으로 나타난다.

만화영화 〈라이언 킹〉

만화영화 〈라이언 킹〉은 1994년 로저 알러스와 롭 민코프 감독이 연출한 디즈니 스튜디오의 32번째 장편 애니메이션 영화로서 애니메이션 영화사상 3억 4천 1백만 달러의 수입을 달성하여 영화 〈쉰들러 리스트〉를 제치고 1994년 전 세계 흥행 1위를 기록했다. 이 작품은 〈인어공주〉, 〈미녀와 야수〉와 달리 우화나 문학작품을 배경으로 하지 않고 디즈니 스튜디오가 아프리카 초원의 동물들을 캐릭터로 하여 만든 최초의 오리지널 스토리를 배경으로 만든 영화로써 애니메이션 역사의 터닝 포인트적인 작품이라는 의미가 있다.

영화 〈라이언 킹〉 삽입곡 오리지널 사운드 트랙 작업에는 최고의 팝가수이며 제작자인 엘튼 존Elton John이 주제가를 부르고, 대담하고 화려한 아프리카의 색채 묘사로 아름다운 영상을 보여주는 줄리 테이모어Julie Taymore가 무대연출을 담당했으며, 한스 짐머Hans Zimmer가 음악을 담당했다. 참고로 만화영화의 성공 이후 엘튼 존과 한스 짐머는 〈라이언 킹〉으로 최고의 음반판매 기록을 세웠고 미국 브로드웨이 뮤지컬

제작에도 참여했다. 뮤지컬 〈라이언 킹〉은 영화의 성공을 발판으로 브랜드 확장전략brand extension strategy의 일환으로 1997년에 제작되었다. 이 뮤지컬은 엘튼 존이 동아프리카 스와힐리어를 사용하여 작곡한 노래들, 아프리카 토속 음률을 완벽하게 표현하는 악기 연주, 한恨이 맺힌 완벽한 흑인보컬, 그리고 압도적인 무대미술과 스케일로 2010년 현재까지 뉴욕 브로드웨이에서 장기 공연되고 있다.

어쨌든 만화영화 〈라이언 킹〉의 제작진은 몇 차례에 걸친 동아프리카 현지답사를 기본으로 실제 풍경을 스케치했으며, 실제 사자를 스튜디오에 데려다놓고 사자의 동작과 얼굴표정, 행동특징 등을 연구했다고 한다. 그리고 들소 떼가 화면을 가득 메운 채 달리는 스펙터클한 장면을 위해서 별도로 컴퓨터 그래픽 팀을 구성하여 2년여 동안 작업을 했다. 이런 노력을 통해 〈라이언 킹〉은 기존에 없었던 새롭고 독창적인 작품이라는 평을 받기도 했다.

그러나 〈라이언 킹〉을 두고 셰익스피어의 『햄릿』에서 모티브를 따온 것에다가 디즈니의 그림을 입혀 놓은 것이라는 비판적인 입장도 있었다. 사실 권선징악, 고난과 역경을 극복하는 영웅 등의 플롯 구성은 기독교 성경 속의 인물들을 모티브로 한 디즈니의 다른 작품(이집트 왕자 I: 모세, 이집트 왕자 II, 요셉)에서도 자주 등장한다. 반면 일본에서는 수사자 무파사(vs. 판자), 주인공 어린 심바(vs. 팀바=레오), 여자 친구 날라(vs. 라이하), 심바의 멘토인 도사원숭이 라피(vs. 얼음산 어머니), 앵무새 자주(vs. 코코=폴리) 등이 앞에서 언급한 〈밀림의 왕 자 레오〉의 모티브와 캐릭터를 도용한 것이라고 비난했다. 그러나 실 제 야생에서 야비하고 약탈을 일삼는 하이에나의 특성에 맞추어 허접 한 악당들로 등장하는 하이에나들과 흑멧돼지 품바는 개봉 당시 매우 창의적이고 주접스러운 캐릭터로 압도적인 인기를 얻었다.

〈라이언 킹〉의 전체 줄거리는 아프리카의 초원 프라이드 랜드Pride Land를 배경으로 아버지 무파사의 뒤를 이어 초원의 왕이 되기 위해 겪 는 어린 사자 심바의 모험과 사랑 이야기이다. 아버지 무파사 왕에게 자연의 법칙을 배우며 평화롭게 살던 심바는 삼촌 스카와 하이에나 무 리들의 반역 음모로 아버지 무파사가 살해되자 그 죄가 자신에게 있 다고(자기 때문에 아버지가 죽었다고) 오해하고 프라이드 랜드를 떠난 다. 사막에서 죽을 뻔한 심바는 자신을 구해준 티몬, 품바와 함께 살 며, 자신의 과거와 고향을 잊으려 "하쿠나 마타타(Hakuna matata, '전혀 문제없어'라는 뜻의 스와힐리어)"를 부르며 하루하루 무위도식하 며 살아간다. 그러던 어느 날, 어른 사자로 성장한 심바는 우연하게 여 자 친구 날라를 다시 만나고, 고향땅이 스카와 하이에나의 폭정으로 파괴되어 황무지로 변해 간다는 이야기를 전해 듣는다. 그러나 심바는 자신 때문에 아버지가 죽었다는 이유로 프라이드 랜드로 돌아가기를 거부한다. 그때 도사 원숭이 라피키(rafiki: '친구'라는 뜻의 스와힐리어)가 나타나서 아버지의 환영을 불러오고 설득한다. 결국 심바는 자신의 내면에 있는 아버지의 모습을 발견하고, 잊었던 아버지의 가르침을 생각해낸다. 다시 고향에 돌아온 심바는 친구들과 함께 삼촌 스카와 하이에나들을 공격한다. 최후의 대결에서 심바는 그 옛날 아버지를 죽인 것이 스카라는 것을 밝혀내고, 복수를 한다. 심바는 왕이 되어 다시 질서와 평화를 회복하며 날라와 결혼하여 2세를 낳고 아버지 무파사의 뒤를 이어 생명의 힘이 넘치는 프라이드 왕국을 다스린다.

이처럼 만화영화 〈라이언 킹〉에서도 사자 나라의 주인공은 무파사와 심바라는 수사자다. 실제 사자 무리의 모습과는 다르게 수사자들은 왕국을 지켜나가는 리더로서 그려지고(심지어는 무리를 지배하고 통제하는 악당까지도 수사자이다), 암사자들은 2세를 낳고 수사자의 보호를 받는 수동적이고 나약한 존재로 묘사되어 있었다.

리더 이미지, 리더 역할모델에 대한 편견과 오해

앞의 두 영화를 제작한 세계적인 영화제작자들이 동물들의 습성이나 동물세계의 권력구조를 몰라서 현실과 다르게 수사자를 권력과 힘의 상징인 리더로 미화했다고는 생각하지 않는다. 어쩌면 제작진들은 사자 무리의 생리를 다 알면서도 부드러운 암사자보다는 풍성한 갈기를 가진 수사자의 비주얼 포스가 관객들로 하여금 사자 무리를 대표하는 리더로써 매력이나 상품성이 있다고 판단했을지도 모른다. 또한 그러한 수사자가 카리스마와 위엄을 더 많이 느끼게 해줄 것으로 믿었기 때문인지도 모른다.

사실 '신이 값없이 주신 선물, 은총'이라는 뜻의 카리스마 측면에서 보면 카리스마는 리더의 의지와 상관없이 태어날 때부터 소유한 특질이므로 마치 리더가 가지고 있는 것이라고 생각하기 쉽다. 그러나 리더십의 귀인attribution이라는 측면에서 보면 리더십은 리더가 아닌 구성원 또는 팔로워가 인정하고 부여해야만 발생하는 것이다. 즉 리더가 가진 특성이 중요하기는 하지만 그러한 특성들이 팔로워에게 어떻게 지각되는지가 리더십을 결정한다는 것이며 리더 속에 있는 자질보다는 팔로워에게 어떻게 지각되느냐가 중요하다는 것이다. 다시 말하면 구성원이 리더에게 카리스마가 있다고 인정해야만 리더에게 카리스마가 있는 것이다. 이 이론으로 보면 팔로워는 리더의 행동보다는 '왜 그랬을까? 다른 리더도 그렇게 하나? 리더가 어떤 특성과 자질을 가졌기에 그렇게 행동했을까? 리더 때문일까, 아니면 우연일까?'라는 귀인행위를 거쳐서 리더의 행동을 보고 그 원인을 찾으려 하는 존재라고 할 수 있다. 이렇게 보면 결국 리더십 유형을 결정하는 주체는 리더가 아니라 팔로워의 마음 혹은 팔로워의 지각perception이라고 할 수 있다. 결론적으로 리더십 귀인이론attribution theory of leadership에 따르면 팔로워가 갖고 있는 리더에 대한 이미지 자체가 리더십이라는 것이다. 그런 면에서 보면 수

리딩 파워(Leading Power)_사람을 이끄는 진정한 리더 이야기

사자는 이미 우리에게 리더의 이미지를 충분히 가지게 한 것이다. 풍성한, 그러나 현실적으로 쓸모없는 갈기를 가지고…….

　재미있는 사실은 독재적인 카리스마 리더일수록 자신의 가장 약한 부분을 숨기거나 인상관리image management를 한다는 사실이다. 카리스마적 리더는 자신이 유능하고 성공적이라는 인상을 심어주기 위해 부단히 노력하며 모든 행동은 이런 인상관리에 초점을 맞추게 되는데 그러다 보면 과장되거나 거짓된 행동을 하는 경우가 많다. 창백하고 병약해 보이는 얼굴을 강하게 보이기 위해 히틀러가 길렀던 콧수염, 여린 손을 가리기 위해 사용했던 무솔리니의 검은 장갑과 긴 칼은 수사자의 갈기와 비슷하지 않은가?(물론 수사자는 이미지 관리를 하지 않지만 말이다) 이런 의미에서 팔로워들은 이렇게 거짓된 인상관리에 치중하여 진실하지 못한 리더를 잘 분별할 수 있는 통찰력을 갖춰야 한다. 옥석을 가리는 통찰력은 리더만 갖추는 것이 아니라 팔로워에게도 반드시 필요한 역량이다.

　조직을 이루고 사는 우리 인간에게는 '리더라면 이래야 한다', '리더는 이런 모습일 것이다', '리더에게는 이런 특성이 있을 것이다'라는 편향된 믿음과 '리더의 역할모델role model은 왠지 남성일 것이다'라는 잘못된 인식들이 서로 의식·무의식, 공식·비공식적으로 합의되며 공유되고 있을 가능성이 크다. 이러한 리더십에 대한 왜곡된 결과들은 리더십 분야에서 수십 년간 토론되어 온 '리더십과 성차性差'라는 주제와 관련이 깊다. 조직에서 위로 갈수록 여성의 비율이 낮아지는 것을 쉽게 보게 된다. 그렇다면 단지 여성이 남성보다 열등해서 조직의 상부에 없는 것일까? 혹은 시스템적으로 혹은 조직문화상 유리천장(glass ceiling, 보이지 않는 여성에 대한 승진에서의 차별)이 존재하고 있어서일까? 아니면 리더의 역할모델이 남성으로 고정된 까닭 때문일까?

남녀 간 성차별적인 리더십 스타일 또는 리더십 효과에 대한 이슈는 명확하게 밝혀지지 않았음에도 불구하고 여성의 리더십이 마치 남성의 리더십보다 약할 것이라는 왜곡된 편견이 잠재되어 있는 것은 사실이다. 실제로는 공식적으로 리더가 되고 나면 신뢰성, 사교성, 추진력, 포용력 등 리더로서 갖춰야 할 기본특질에는 남녀 간 별 차이가 없는 것으로 나타난다. 그럼에도 불구하고 여의사·여변호사·여판사·여군·여교수·여성CEO 등 사회 각계각층의 호칭이나 모임의 이름들을 보고 있으면 이 자체가 성차별임을 느끼게 된다. 같은 직업이라도 마치 남성과 여성으로 분류되어 각기 다른 직업군으로 분류한 것 같기 때문이다. '군인인데 여성이다'가 아니라 '여성인데 군인이다'라는 편파적인 시각이 존재하는 것도 사실이다(남의사, 남변호사, 남판사, 남군, 남교수, 남성CEO라는 표현은 없다. 예를 들어 영어에도 Dr.와 Female Dr.라는 호칭은 없지 않은가?).

남녀 리더 이미지 또는 리더 역할모델에 대한 오해와 환상은 우리가 가지고 있는 리더십 역할에 대한 남녀 간의 지각 오류와 편견에 의

한 것이라고 생각된다. 결국 〈밀림의 왕자 레오〉와 〈라이언 킹〉에서 전형적으로 나타난 리더 모델의 남성 편향성은 바로 우리 모두가 간과하고 있는 스테레오 타입의 편견(예를 들어 조직의 리더는 남성일 것이다, 여성 리더는 아무래도 힘이 약하다 등) 결과라고 할 수 있다.

21세기에는 여성의 사회적 진출이 늘어나고, 결혼 후에도 계속 근무하는 등 여권 신장으로 말미암아 여성 리더가 더 많이 배출될 것이다. 그럼에도 불구하고 조직의 상부로 갈수록 여성 리더들이 극소수로 줄어드는 현상이 실제로 여성이 리더십이 약해서인지 아니면 이와 같은 사회적 편견과 암묵적 동의로 인해 막혀 버린 것인지 아직까지도 과학적으로 명확하게 밝혀지지 않은 것이 아쉬울 따름이다. 다만 '여성 리더는 아무래도 약하다'는 스테레오 타입의 편견이 만연함에도 불구하고 남녀 간의 리더의 효과는 차이가 없는 것으로 나타난 일련의 연구결과들에 희망이 있을 뿐이다.

마지막으로, 수사자의 무용지물 갈기와 그 엉뚱함과 실망스러운 행실에 당황하고 혼란스러웠음에도 불구하고 여전히 수사자는 용맹한 동물의 왕이라는 이미지를 지우기가 쉽지만 않을 것 같다. 그건 수백 편의 고전명화들의 첫 부분에 등장하는 MGM Metro Goldwyn Meyer Inc. 영화사 로고의 영향이 크지 않을까 싶다. 그 캐릭터는 전 세계인이 시청하는 스크린 화면을 향해 찬란한 갈기와 우렁찬 목소리로 포효하고 있던 수사자였으니까 말이다.

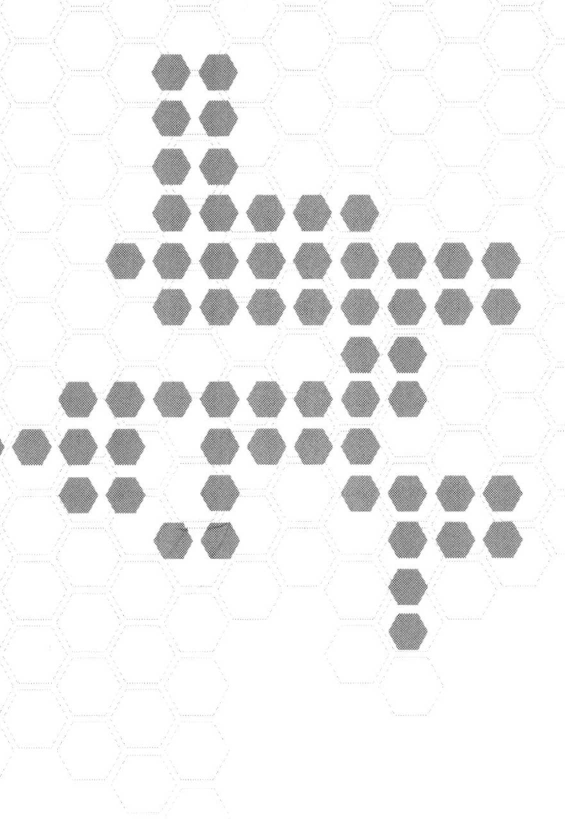

21세기 조직의 현장 리더십
부장, 팀장, 실장, 파트장 등의 현장 리더를 중심으로

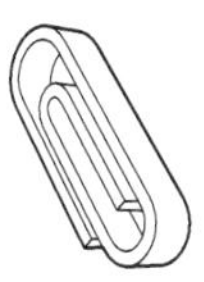

성공한 조직에는 목표와 비전을 제시하는 최고경영자인 CEO와 그것을 위해 헌신하는 구성원들이 있다. 하지만 또 하나의 분명한 사실은 CEO와 구성원 사이에는 언제나 현장 리더가 존재한다는 사실이다.

현장 리더는 급변하는 환경에 신속하고도 정확하게 대응함으로써 성과를 창출하게 히는 조직의 핵심손재이다. 그들은 조직내부에서 최고의사결정자와 구성원들 간의 중요한 의사소통을 직접 담당함으로써 성과달성을 위한 효과적인 커뮤니케이션 통로역할을 담당한다. 또한 실무자들에게 직무 및 경력관련 코칭과 멘토링 등의 체계적이고 단계적인 육성프로세스를 수행한다. 이들은 현장과 가장 밀착해 있고 해당 직무에 대한 수년간의 경험과 지식을 바탕으로 구성원들로 하여금 혁신을 실제로 수행하도록 촉진하는 역할innovation facilitator을 한다. 그래서 이들은 정보화시대에 정보관리 능력이나 업무 역량이 뛰어난 구성원들의 수준에 따라 각기 효과적인 리더십을 발휘해야 한다. 이러한 역할을 하는 현장 리더를 우리나라 영리조직에서는 부장, 팀장, 파트장 등의 직위 또는 직함으로 구분하여 부른다. 이 책에서는 독자들의 이해를 돕기 위해 편의상 현장 리더인 부장, 팀장, 실장, 파트장을 현장 리더로 통일한다.

그런데 경험과 지식을 기반으로 하는 실체적 리더십을 발휘하며 조직의 성패에 결정적 역할을 담당하는 이들 현장 리더들이 요즘 꽤 힘들다. 세계적으로는 무역량 감소(-6%), 불황의 도미노, 환율 폭등과 FTA 등의 어려움이 있었다. 정치, 경제, 사회 등의 혼란과 분열 등으로 한치 앞을 예측할 수 없는 국내 상황에서 이들은 조직의 성장과 목표달성에 대한 의무와 책임으로 인해 심한 압박을 받고 있다. 경영층과 실무진 간의 사고 차이(문제를 바라보고 대처하는 방식의 차이), 신체적·심리적 특성의 차이, 그리고 조직에서의 행동 차이 등 경영에 있어서 너무나 다른 구성원을 관리하는 것도 이들의 몫이다. 거시적인 환경을 통제하기는 어렵지만 미시적인 환경인 구성원에 대한 관리는 인적자원 관리 측면에서 조직성과에 치명적일 수가 있기 때문에 이들은 이중고의 스트레스를 겪고 있다고 할 수 있다.

그렇다면 조직구성원과 이해관계자(시장, 경쟁사, 고객, 노동시장의 노동력 등)의 다양성을 관리하면서 효율적으로 성과를 달성해야 하는 현장 리더들이 효과적으로 벤치마킹할 리더십의 모델은 무엇일까? 여기에서 제시하는 모델은 오케스트라 지휘자의 리더십이다.

　현대적 조직의 유형 중 오케스트라 조직이 있다. 15~30여 명으로 편성된 실내관현악단chamber orchestra, 100명 내외의 인원으로 관·현·타악기를 중심으로 편성된 대악단인 오케스트라 또는 교향악단symphony orchestra이 그것이다(또한 복수의 현악기만으로 이루어진 현악오케스트라string orchestra 등도 있다). 이런 오케스트라 조직의 지휘자와 조직의 현장 리더들의 리더십을 살펴보면 다음과 같다.

　첫째, 지휘자는 다양한 악기연주자의 실력과 수준을 총괄관리하고 이끌어가야 한다. 오케스트라의 악기연주자들은 자신의 악기에 대한 지식과 수십 년간 훈련한 최고의 실력을 발휘할 수 있는 음악연주자musical technician이며 예술가artist이다. 이때 지휘자의 역할은 오케스트라에서 각각의 연주자들을 훈련training 또는 교육education으로 스킬을 향상시키는 것이 아니다. 물론 경우에 따라 보충레슨이나 엄격한 테크닉 관리를 해야 할 단원도 있지만 대부분 개별연습은 단원들 개개인의 몫이고 하모니를 이루게 하는 것이 바로 지휘자의 역할이다. 현장 리더의 역할도 이와 유사하다. 현장 리더들은 구성원의 직무스킬이나 역량을 강화하도록 지원하기도 하지만 전체적으로는 구성원들이 조화harmony를 이룰 수 있도록 해야 한다. 조직에서 현장 리더가 구성원 간의 갈등을 제대로 관리하지 못하면(무조건적인 갈등통제가 아닌 건설적인 갈등관리를 뜻한다) 최고의 조직성과는 절대로 달성하지 못한다. 최고경영층과 구성원, 조직내부와 외부, 구성원과 구성원 간의 조화를 이루게 하는 역할을 하는 존재가 바로 현장 리더이다.

둘째, 지휘자는 오케스트라를 경영하며 상황에 적합한 의사결정권을 보유하고 있다. 지휘자는 자신의 재량으로 정기, 수시 오디션을 통해 단원들을 선발하고 각각의 악기 종류에 따라 냉철하게 1, 2등의 순위를 매긴다. 지휘자 왼쪽부터 제1바이올린, 제2바이올린, 비올라, 첼로, 콘트라베이스 순서로 배치하는데 가장 높은 음(바이올린)에서 낮은 음(콘트라베이스) 순서로 배치한다. 악기의 위치는 지휘자의 재량으로 연주회장 구조와 연주곡목 등 상황에 따라 달라질 수 있다. 그러나 가장 확실한 사실은 각 악기군에서 지휘자와 가까울수록 순위가 높은 연주자라는 것이다. 지휘자에게서 멀어지고 뒤로 갈수록, 순위가 낮은 연주자이다. 오케스트라에서 가장 중요한 파트인 제1바이올린은 지휘자의 맨 왼쪽에 앉아 있다. 지휘자와 눈을 맞추기 쉬운 자리이자 청중에게 소리가 곧장 전달되는 '최전선'인 가장자리에 제1바이올린 중에서도 '1등'인 수석 연주자가 앉는다. 제1바이올린의 수석은 곧 오케스트라의 악장이며 음악회를 진두지휘한다는 뜻에서 '콘서트 마스터concert master'라고도 한다. 이 자리는 어떤 연주회에서든 바뀌지 않는다. 그러나 순위를 매기거나 악기배치 순서를 정하는 것은 최종 목표를 달성하기 위한 수단이지 그 자체가 목적이 될 수는 없다. 이와 마찬가지로 현대의 조직에서도 냉철한 평가를 통해 승진이나 연봉조정이 일어난다. 또 대부분 팀장의 자리에서 물리적으로 가까운 곳에 서열이 높은 구성원의 자리가 있다. 그러나 수평·기능flat·functional 조직에서 직위나 지위를 매기고 순열을 세우는 것은 그 자체가 목표가 아니라, 구성원들의 역량 개발 및 발전을 통해 조화를 이루며 최대의 성과를 달성하기 위함이다. 그리고 이 모든 일(실제 인사고과, 업무 및 직무조정, 직무순환, 교육훈련결정 등)을 실제로 담당하는 사람이 바로 현장 리더인 것이다.

셋째, 오케스트라에는 다양한 악기가 있지만 지휘자가 역할이 작은 악기연주자라고 소홀히 대해서는 목표를 달성할 수가 없다. 예를 들어 피아노협주곡을 협연하는 연주자가 세계적인 실력을 갖춘 중요한 사람이라고 해서 오케스트라 뒤쪽에 자리하고 있는 작은북이나 팀파니 연주자를 소홀히 해시는 안 된다. 팀파니가 제 역할을 담당하지 못하고 튀어나오면 그 연주는 실패한 연주가 되어버리기 때문이다. 마찬가지로 현장 리더에게 조직에서 중요하지 않은 역할도 없고 소홀히 다루어도 되는 구성원은 없다.

넷째, 지휘자는 각 악기들의 멜로디와 박자에 민감해야 한다. 수십 가지의 악기들이 내는 소리를 하나도 놓쳐서는 안 되고 다 듣고 연합을 이루어 연주를 완성해야 한다. 지휘자는 파트별 연습과 같이 때에 따라서 각 악기의 파트장에게 권한 위임과 임파워링을 하기도 한다. 이와 마찬가지로 현장 리더는 구성원 한 사람 한 사람의 직무, 역량, 그리고 개인적인 사항에 대한 배려와 관심을 가지고 있어야 한다. 구성원의 변화나 문제에 민감하고 때에 따라서는 직무의 특성과 상황에 따라 권한을 위임하며 목표를 달성해야 하는 것이다.

다섯째, 지휘자는 우선 연주할 곡의 특징과 구성뿐만 아니라 곡을 완전히 해석하고 이해해야 한다. 지휘자가 모든 오케스트라의 악기들을 연주하지는 못하지만 악기만의 특징과 소리, 그리고 그 곡에서의 역할은 완전히 터득하고 있어야 한다. 이와 마찬가지로 조직의 현장 리더는 직무와 구성원의 역할에 대하여 철저히 분석하고 이해해야 한다. 구성원이 어떤 직무를 어떤 방법으로 수행하고 있는지도 모르는 채 무조건 지시와 통제를 통해서 관리하는 사람은 더 이상 리더leader가 아니라 피더feeder, 사육자일 뿐이다.

마지막으로 지휘자는 단원들에게 코칭하는 대로 따르면 성공적인 연주도 가능하고 자신의 실력이 한 단계 올라가는 발전이 있을 것이라는 믿음과 신뢰를 주어야 한다. 그러기 위해서 지휘자는 곡 전체를 해석하는 거시적인 안목과 더불어 악기 하나하나에 대한 미시적인 전문성과 통합능력도 갖추고 있어야 한다. 현장 리더도 마찬가지이다. 21세기에 들어오면서부터 전문성과 인력자원을 관리하는 능력을 갖추고 구성원 개개인의 발전과 보상에 대한 신념을 확고하게 줄 수 있는 현장 리더의 통합능력이 더욱 요구되고 있는 것이다.

현대조직은 전반적이고도 다방면에 걸친 업무를 담당하는 제너럴리스트generalist를 양산기도 하지만 좀 더 효과적인 조직일수록 해당 분야의 전문성을 가진 스페셜리스트specialist로 구성하여 효율적 경영을 촉진한다. 이때의 제너럴리스트는 다기능전문이 아닌 실무자 단계에서의 광범위한 구성원을 뜻한다. 스페셜리스트는 단순 기능적인 것이 아니라 심층적이며 철저하고도 완전한 프로 수준의 구성원을 말한다. 오케스트라 단원들처럼 해당 직무의 실무자 및 전문가들인 스페셜리스트로 구성된 현대조직의 구성원들을 이끌어가는 중간관리자인 현장 리더의 리더십이 그래서 중요한 것이다.

단, 오케스트라 단원들이 아무리 뛰어난 실력을 갖추었다 하더라도 완벽한 하모니와 완벽한 공연을 하기 위해서는 지휘자를 쳐다보고 연주를 해야 하는 것처럼, 조직의 구성원도 마찬가지이다. 자신의 지식과 실력이 뛰어나고 화려한 기술을 가졌다 하더라도 공동의 목적을 달성하기 위해서는 지휘자를 기준으로 그가 제시하는 방향을 쳐다보는 것이 우선이다. 어렵거나 난해한 곡일수록 지휘자를 쳐다보지 않고서는 연주를 성공할 수가 없다. 지휘자가 제 때에 사인을 주어도 연주자가 보지 않거나, 자신의 스타일을 고집하면 연주는 엉망이 된다. 이와 마찬가지로 조직구성원도 조직의 목표달성이 개인적인 목표를 우선해야 한다. 그리고 현장 리더를 인정하고 그(녀)가 원하는 것이 무엇인지를 인지하고 따라야 한다. 맹목적인 의지나 지시하는 대로 복종하는 것이 아니라 현장 리더와 구성원이 서로 충분히 합의하여 의미를 공유하고 열린 마음으로 피드백과 코칭을 함으로써 최대의 조직성과를 달성하도록 노력해야 할 것이다.

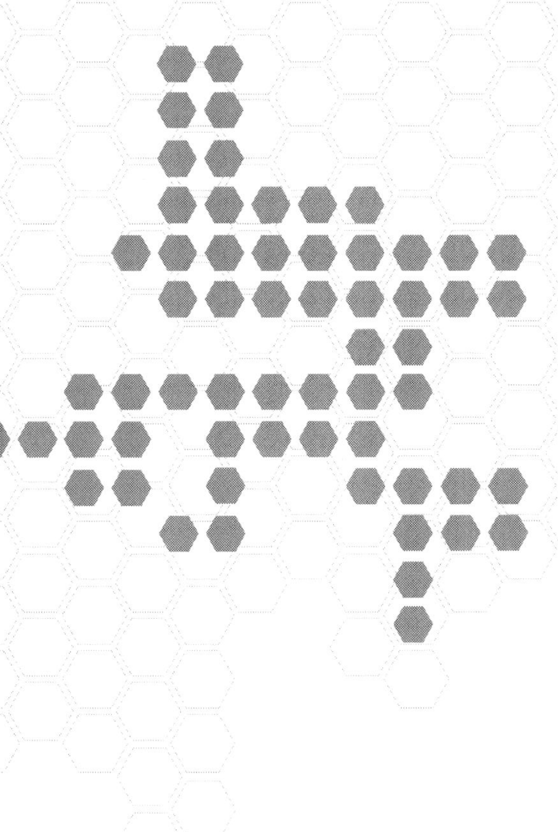

극적인 성과를 창출하는 리더십
스포츠 코치의 리더십을 벤치마킹하며

타이거 우즈, 양용은, 김연아, 박지성, 이근호에게 공통으로 있는 것은? 정답은 '코치'이다.

한판의 멋진 스포츠 경기는 잘 만들어진 영화보다도 더 큰 감격과 기쁨을 선사한다. 승패를 떠나 스포츠경기는 선수들이 그동안 흘려왔을 땀과 눈물이 베어 나오고 그들을 지도해온 코치들의 헌신과 희생을 느낄 수 있기 때문이다. 국내 영화 중 스키점프 국가대표 선수들의 이야기인 〈국가대표〉(2009), 여자 역도선수들의 이야기인 〈킹콩을 들다〉(2009), 그리고 국가대표 여자 핸드볼선수들의 이야기인 〈우리 생애 최고의 순간〉(2007) 등은 실화를 바탕으로 한 영화로써 감동적인 결과를 내는 스포츠 선수들과 코치가 등장한다. 이런 면에서 보면 스포츠 코치는 극적인 드라마를 연출하는 영화감독이고, 선수는 영화 주인공이라고도 할 수 있다.

재능, 균형 잡힌 신체, 지칠 줄 모르는 체력, 그리고 뛰어난 정신력을 겸비한 타이거 우즈Tiger Woods는 2000년, 여러 해에 걸쳐 4대 메이저대회를 모두 석권한 '커리어통산 그랜드슬램'을 달성하였다. 통산 70승이라는 기록을 세우며 미국 남자프로골프협회 PGAProfessional Golfers' Association 투어 최다 우승기록을 목표로 하는 '골프의 황제'이기도 하다. 그런 타이거 우즈에게 코치가 없었다면 과연 지금의 그가 가능할까?(물론 세기의 스캔들로 인해 지금은 슬럼프에 빠져 있지만…)

타이거 우즈의 첫 코치는 육군 중령 출신의 아버지 얼 우즈Earl Woods이다. 타이거 우즈는 만 3살 때 아버지에게 첫 골프 레슨을 받으며 "공을 넣을 목표지점을 정하고 공을 쳐서 넣으라"는 단순하지만 핵심적인 조언을 들었다. 그날 이후 우즈는 어려운 경기를 치를 때마다 아버지의 이 말을 가슴에 새기고 평정심을 찾는다고 한다.

타이거 우즈에게는 월리 구드윈Wally Goodwin과 행크 해니Hank Haney 코치가 있다. 구드윈의 경우 스탠퍼드 대학에서 타이거 우즈를 지도한 스승으로서 PGA 홀인원 리더이자 세계 최고의 골프코치이다. 또한 현재 캘리포니아주 사이프러스 리지 골프 코스의 '행크 해니 국제 주니어 골프 아카데미'의 교습 책임자인 행크 해니가 바로 타이거 우즈의 스윙코치이다. 타이거 우즈의 경우를 보더라도 최고의 선수는 태어나는 게 아니라 훌륭한 코치와 완벽에 가까운 훈련개발시스템에 의해 만들어진다는 것을 알 수 있다. 스포츠에서는 선수 자신의 노력과 재능도 필수요건이지만 선수의 재능을 알아보고 선수를 효과적으로 관리하고 지원하여 목표를 달성하도록 돕는 전문가가 반드시 필요하다. 스포츠에서 이렇게 중요한 역할을 하는 존재가 바로 코치이다.

스포츠 코치의 효과적인 리더십은 선수나 팀에게 뛰어난 성과를 창출하게 이끌어준다. 세계적인 리더십 학자 존 코터John Kotter는 리더십은 예상 가능한 결과가 아닌 '극적인 결과dramatic results'를 이따금씩 초래한다고 주장한다. 흔히 승리라는 비전과 목표, 기획과 계획, 전략과 전술, 실행, 그리고 팀원과 리더가 있다는 공통점 때문에 경영을 스포츠에 비유하는 경우가 많다. 그렇다면 스포츠 코치와 경영자의 리더십에는 어떤 공통점이 있을까?

첫째, '1등' 또는 '최고'가 되겠다는 비전이 있고, 달성 가능한 목표와 건설적인 경쟁을 추구한다. 스포츠 팀원들은 개인·팀의 한계를 극복하고 반드시 이겨서 개인을 위해, 팀을 위해, 혹은 국가를 위해 최선을 다한다. 어떤 팀이든 2위를 유지하려고만 한다면 그 팀은 전락하고 만다. 그래서 1위를 목표로 해야 한다. 기업도 마찬가지이다. 시장에서의 2위나 3위를 하는 게 궁극적인 목표인 조직의 구성원들은 무의식중에 현실에 안주하고 복지부동의 조직문화에 빠진다. 변화를 거부한다. 그리고 안정을 추구한다. 이를 방지하기 위해서는 무엇보다도 건설적인 경쟁의 문화를 조성하는 것이 우선이다. 예를 들어 육상경기 선수들이 자주 쓰는 훈련 방법 중에는 국적이 다른 2명의 경쟁선수들을 함께 짝지어 훈련시켜서 극한의 상태를 함께 극복하게 함으로써 서로가 동기부여되고 승부근성을 강화할 수 있다고 한다. 올림픽 6연패의 대한민국 여자양궁선수단의 경우 매일 새벽 5시 반부터 저녁 8시까지 훈련을 한다. 선수들은 하루 종일 극한의 고통을 몇 차례나 넘겨야 하는 훈련을 마치고 숙소로 돌아와서 2시간 동안 자유 시간을 가진 후 밤 10시에 소등하고 잠자리에 들도록 되어 있다. 그러나 2시간의 자유 시간 동안 선수들은 하나 둘씩 조용히 밖으로 사라지고 결국 밤 11시에는 숙소에 선수가 한 명도 없게 된다. 모두들 팀 내의 동료이자 경쟁자들보다 앞서기 위해 훈련장에서 야간훈련을 하기 때문이다. 이렇기에 우리나라 양궁선수들은 엄청난 경쟁 속에서 살아남아 세계 1위를 유지할 수 있게 된 것이다.

마찬가지로 현명한 기업은 전략적으로 임직원들을 경쟁 관계로 만든다. 급변하는 글로벌시대의 기업들은 이제 국내 1위가 아닌, 세계 1위라는 목표를 구성원과 공유하며 목표 달성을 위해 드라이브를 걸어야 한다. 그래야 살아남을 수 있다. 예를 들어 4강을 목표로 하고 시작하면 4강이 기준이 되어 선수들은 암묵적으로 동요되어 목표수준을 낮추어 안주하기 시작한다. 2등도, 3등도 아니 꼴등도 나름 의미는 있다. 그러나 변하지 않는 사실은 1등보다 2등은 스포트라이트를 적게 받는다는 것이다. 시상식에서 국가國歌는 오직 한 번, 1위 선수의 국가가 연주된다는 것도 불변의 진리이다. 오직 1위(금메달)를 목표로 달려

리딩 파워(Leading Power)_사람을 이끄는 진정한 리더 이야기

온 선수와 조직만이 누릴 수 있는 찬란한 특권이 바로 '승리'의 월계관 인 것이다.

스포츠 코치와 경영자 리더십의 두 번째 공통점은 이기기 위한 최 고의 전략과 전술이 있다는 점이다. 여기에는 최신 시장상황과 관련법, 경쟁사(경쟁자)에 대한 정보는 물론이고, 철저한 기록 및 결과에 대한 과학적인 분석이 필요하다. 트램펄린trampoline 선수인 수 쇼튼Sue Shotton 은 금메달을 따기 위해 심리학자, 생체학자, 의사 등을 총동원해 자신 의 약점을 비판하게 했고, 모자라고 개발이 필요한 부문을 보완하여 1984년에 그의 목표인 금메달을 획득했다.

박태환 선수를 세계적인 수영선수로 키운 노민상 감독의 철저한 전략을 살펴보자. 7살의 박태환을 처음 만난 노민상 감독은 과학적 인 훈련 프로그램을 도입해서 박태환을 만들어나갔다. 물론 박태환 에게는 1994년 히로시마 아시안게임 사유형 200m 동메달리스트이며, 2004 아테네 올림픽 대표팀 코칭스태프였던 우원기 코치가 있었다. 그 리고 생리학에 바탕을 두어 주기적으로 훈련 전후의 젖산 측정을 해 성취도를 분석하고, 영법과 잠영 영상을 찍어 동작 분석을 하여 맞춤 형 훈련 프로그램을 만든 한국체육과학 연구원의 송홍선 박사도 있었 다. 경영에서도 마찬가지이다. 목표달성을 위한 전략과 전술은 지극히 과학적, 체계적, 객관적으로 실시해야 한다. 감정과 섣부른 단정은 피하고 시장(경쟁자)에 대하여 통찰력 있게 분석하고 개발이 필요한 부분은 적극적으로 개발하고 잘하는 부분은 더욱 투자하여 시장을 선점하고 새로운 시장을 개척하는 전략을 수행해야 한다.

세 번째 공통점은 승리에 대한 여유와 자신감을 고취시킨다는 점이다. 보상도 보상이지만 무엇보다도 코치가 긍정적인 칭찬과 신뢰를 제공할 때 스포츠 선수들의 성과가 향상된다는 사실을 간과해서는 안된다.

고등학교 졸업 후 바로 인천 유나이티드에 입단해 2군 생활을 하던 축구선수 이근호는 원래 열의에 차 무작정 뛰긴 했지만, 골문 앞에서는 냉정함이 없었고 공을 잡아도 주저하는 선수였다. 그런 이근호를 영입한 대구 FC 축구팀의 변병주 감독은 언제나 '잘했다'고 칭찬한 뒤 슈팅 상황을 뒤돌아보고 '재구성'하도록 이미지 트레이닝을 시켰다. 변 감독이 2군 생활을 하면서 주눅이 잔뜩 든 이근호에게 여유와 자신감을 되찾게 해주자 이근호는 2009년 국가대표 경기에서 UAE^{아랍에미리트} 연합, 사우디아라비아와의 2010 남아공월드컵 아시아 최종예선에서 총 5골을 기록했다. 2009년 시즌 K리그에서 13골 6도움(32경기)을 기록하며 국내 선수 중 득점왕이 된 것이다.

1995년 팀 창단 후 14년 동안 11번의 우승을 한 삼성화재 블루팡스의 신치용 감독을 보자. 그는 무릎 십자인대, 바늘판인대, 내측인대가 모조리 끊어지는 치명적인 부상을 입은 석진욱 선수에게 '할 수 있다', '안 되는 건 모른다', '한번 해보자'라는 긍정과 도전정신을 가지게 하였다. "안 될 거라고 네 스스로 생각하는 거지, 아직 진짜로 안 된 건 아무것도 없어. 내가 너한테 펄펄 날기를 기대하는 게 아냐. 나도 안 되는 줄 아는데, 그래도 한번 해봐. 진짜로 안 되면 그때 생각해 보자"라고 여유와 자신감을 갖게 함으로써 석진욱 선수로 하여금 뛰어난 활약을 하게 만들었다.

네 번째 공통점은 믿음과 신뢰를 상호교환하며 코치와 선수간의 관계를 확고히 한다는 점이다. 맨체스터 유나이티드 축구팀의 박지성 선수와 거스 히딩크 감독의 관계는 2002년 월드컵대회 이후 국내뿐 아니라 세계적으로 감독과 선수 관계를 넘어 '스승과 제자의 신뢰와 사랑'을 대표하는 상징이 되었다 해도 과언이 아닐 것이다.

2002년 한일 월드컵 당시, D조 예선 마지막 경기를 마무리 짓는 골을 넣은 뒤 열광의 도가니가 되어 버린 경기장에서 박지성이 승리를 자축하며 달려간 곳은 바로 히딩크의 품 안이었다. "포르투갈에서 결승골을 넣고 히딩크 감독에게 달려갔다. 그리고 그의 품에 안겼다. 기분이 너무 짜릿했다. 그에게 감사했다. 월드컵을 앞두고 부상으로 삐걱거린 게 한두 번이 아니었다. 때문에 내가 과연 월드컵에서 베스트11로 뛸 수 있을지 고민도 많이 했다. 가장 마음이 무거웠던 건 올해 초

북중미 골드컵 대회 때 오른쪽 아킬레스건을 크게 다쳐 한 달을 쉬고 있을 때였다. 앞이 캄캄할 정도였다. 히딩크 감독은 그런 나를 계속 믿어주었다. 꼭 고맙다고 하고 싶었는데 포옹으로 모든 것을 대신한 셈이 됐다"라고 박지성은 말했다. 그는 환희와 감사함을 그의 코치(히딩크)에게 바치며 함께 기쁨을 나눴다. 이 장면은 7년이 흐른 지금 다시 봐도 우리에게 벅찬 감동과 감격을 안겨준다. 이는 대한민국 축구 대표팀의 거침없는 연승 때문도, 꿈도 꿔보지 못했던 월드컵 예선통과라는 경기결과 때문도, 승리의 드라마를 고스란히 연출해냈기 때문만도 아니다. 거기엔 우리가 한 번쯤 '내 일생을 믿고 온전히 맡기면 나에게도 저런 환희의 순간을 맛보게 해줄 것 같은' 코치가 있고 꼭 한 번쯤은 그렇게 육성되고 싶다는 욕망이 투영된 자아가 있기 때문일지도 모른다. 육체적인 힘과 시간, 그리고 영혼까지도 함께하며 몰입해서 승리의 영광을 누리고 싶게 만드는 히딩크 감독은 2002년 월드컵 이후 대한민국의 남녀노소의 '가장 바람직한 코치와 스승'으로 포지셔닝 되었다.

리더십과 관련해서 LMX leader-member exchange 이론이 있다. 이는 리더-부하 관계의 질에 따라서 부하의 충성도와 성과창출이 달라진다는 것이다. 부하와 리더 관계가 강한 신뢰를 바탕으로 결속되어 있으면 부하의 충성과 몰입이 더욱 높아지며 이로 인한 성과향상도 가능하다고 한다. 사람은 자신을 믿어주는 사람을 위해 목숨까지도 바칠 수 있는 유일한 동물임을 명심하고 부하를 믿어보도록 하자. 그러면 그 부하가 어떠한 예상치 못한 성과를 내는지 확인할 수 있을 것이다.

다섯째, 기본기를 중시하는 연습과 독한 훈련을 요구한다. 양용은은 2009년 PGA투어에서 1회 우승을 기록했음에도 불구하고 한국에서는 그다지 유명한 선수가 아니었다. 어느 날 그는 '이대로는 도저히 안 되겠다'는 생각으로 난생처음 미 LPGA투어의 '땅콩' 김미현 선수의 '사부'인 PGA투어 프로 출신 브라이언 모그Brian Mogg 코치로부터 체계적인 레슨을 받기 시작했다.

모그는 골프잡지 선정 100대 코치에 랭킹된 세계적으로 실력을 인정받는 코치이지만 타이거 우즈의 코치 행크 해니나 부치 하먼에 비해서는 무명의 코치라고 할 수 있다. 선수들의 개성을 존중하는 모그 코치는 부임하자마자 양용은의 스윙을 지켜보고 나서 기본 중 기본인 그립(골프채를 쥐는 방식)부터 바꿨고 훅hook 구질도 반드시 고칠 것을 조언했다. 결국 양용은은 나이, 국적, 기타 등등의 불리한 조건을 이겨내고 70대 1의 확률을 깨고 PGA 챔피언십 우승을 함으로써 골프 사상 최대의 이변을 낳았다. 모그와 양용은은 둘 다 한결같이 프로라고 무슨 거창한 것을 배우는 것이 아니라 그립을 바꾸고, 스윙을 원칙대로 하는 기본기를 다지는 것이 가장 중요하다고 입을 모은다.

김호철 감독은 2009년 5월에 국가대표 배구팀을 맡아서 6월에 세계 18위 FIVB국제배구 연맹 2009년 월드리그에서 세르비아(5위)에 3대 0 완승을 거두며 B조 1위(2승 2패)에 올랐다.

40여 년을 선수와 감독으로 배구코트에서 살아온 그가 작전시간 때 벌겋게 달아오른 얼굴에 두 눈을 부릅뜨고 선수들을 호통치는 모습은 그의 트레이드마크가 되었고 '버럭호철'이라는 별명을 얻게 만들었다. 그는 일명 '눈물의 자장면 사건'인 지옥훈련으로 유명하다. 김호철 감독은 현대캐피탈 사령탑으로 부임한 뒤, 첫 경기에서 0대 3으로 패하고 돌아오는 버스에서 선수들의 잠든 모습에 화를 참지 못해 저녁식사도 생략하고 오후 6시부터 밤 11시까지 공을 직접 때리며 지옥훈련을 시켰다. 선수들이 훈련을 마치고 주문해 놓은 자장면을 먹으려고 보니 면은 퉁퉁 불어 있었고 선수들 모두는 눈물을 흘리며 자장면을 먹었다고 한다. 그날 이후 선수들은 승리를 위해 물불을 가리지 않고 독하게 연습에 임했다고 한다. 김호철 감독은 그만의 독한 리더십으로 2005~2006년 정규리그 2연패를 달성했고 그가 이끈 한국대표팀은 2006 도하아시안게임에서 금메달을 따냈다.

기업에서도 마찬가지이다. 가장 기본이 되는 것(예를 들어, 규정, 규칙, 전문지식 개발, 양심, 윤리의식 함양 등)을 중시하지 않는다면 그 기업은 모래에 쌓은 집과 같다. 기본이 흔들리면 그 파급효과가 더욱 커지기 때문에 특히 위기상황일수록 '익숙해서 잊혀지는 기본'을 재확인하고 더욱 충실히 다져야 한다. 기본이 단단하면 흔들리긴 해도 쓰러지거나 바닥까지 떨어지지는 않기 때문이다.

　여섯째, 변화에 민감하다. 2009 챔피언스리그 4강(잉글랜드 첼시)에 오른 히딩크 감독은 "감독은 오케스트라의 지휘자와 같다. 단원들의 미세한 움직임을 감각적으로 포착하고 그들이 자기 능력을 최고로 발휘할 수 있도록 조율해야 한다. 선수뿐 아니라 관중들의 마음까지 꿰뚫고 있어야 한다. 그래서 언제나 극도의 스트레스를 받지만 성취감도 크다"라고 말한다. 선수 개개인의 변화, 팀 분위기의 변화, 경쟁팀, 경기장, 시설 등의 환경의 변화에도 민감해야 한다. 경영도 마찬가지다. 변화에 민감하지 못한 경영자는 문제나 위기상황이 닥쳐도 눈을 뜨고 있어도 보지 못하며 귀로 들어도 듣지 못한다. 그래서 경영자는 전문지식을 함양하고 항상 깨어 있어야 하며 섬기는 마음으로 구성원, 고객, 환경변화에 적극적으로 대응할 준비가 되어 있어야 한다.

　일곱째, 선수와 코치의 확고한 팀워크를 기반으로 한다. 브라이언 오서 감독은 올림픽 은메달을 두 차례나 수상한 캐나다 피겨스케이팅의 전설적인 존재이다. 2009년 2월 올림픽 테스트 겸 세계피겨선수권을 앞두고 벌어진 쇼트 프로그램에서 오서 감독은 김연아가 경기를 하는 동안 내내 초조하면서도 상기된 얼굴로 김연아의 활주와 스텝 및 점프를 일일이 따라하는 모습이 카메라에 잡혔다. 오서는 "훈련할 때도 저는 김연아와 같이 스케이트를 탑니다. 스텝을 전부 다 알고 있기 때문에, 이렇게 스케이트를 안 신고 경기장 밖에 서 있으면 제가 할 수 있는 한 최선을 다하려고 하는 거죠"라고 말한다. 경기를 마치고 들어온 김연아 선수를 자랑스럽게 반기며 대견해 하고, 심사위원들의 경기 평가점수가 최고를 기록하자 선수보다 더 좋아하던 오서 코치의 모습에서 선수의 숨소리, 표정, 동작 하나하나를 기억하며 보살피는 아름다운 코치를 온전히 느낄 수 있었다(물론 지금은 안타까운 결별로 주위 사람들에게 아쉬움과 안타까움을 주었지만……).

기업에서도 구성원과 동고동락하고 혼연일체의 모습을 보여주는 리더에게 구성원은 진심으로 충성하며 존경한다. 구성원의 리더에 대한 충성과 존경은 성과와 직결될 수밖에 없다. 존경을 받으려면 구성원에게 위임이라는 명분으로 일을 떠맡기지 말고 방법을 가르쳐주고 함께 시도해보는 솔선수범의 리더십을 발휘하도록 하자. 그래야 성과도 향상되기 쉽다.

마지막으로, 스포츠 코치와 경영자 리더십의 공통점으로 종종 극적인dramatic 결과를 얻게 한다는 점을 들 수 있다. 극적인 결과란 예상한 결과가 아니라는 뜻이다. 2009년 8월 독일 베를린에서 열린 세계육상대회에서 자메이카의 우사인 볼트는 100m, 200m 경기에서 2개의 금메달을 획득했다. "다른 선수들이 본 것은 우사인 볼트 선수의 등뿐이었다(그만큼 우사인 볼트가 다른 선수들보다 탁월하게 빨랐다는 것을 의미한다)"고 할 정도로 이미 예상할 수 있는 경기 결과였다. 우사인 볼트가 갱신한 세계신기록에는 놀라고 기쁠지언정 무명의 양용은 선수가 타이거 우즈를 이기고 승리를 했을 때보다는 감동과 전율과 덜 했다(우사인이 한국인이었으면 더 감동을 받았을지도 모르지만). 비인기종목 스포츠로 열악한 환경에서 훈련을 했던 무명의 선수가 금메달을 획득하는 순간, 우리는 드라마틱하다고, 믿을 수 없다고들 말한다. 필적할 만한 경쟁자가 없는 우아한 환경하에서의 1위는 감흥이 없다. 오히려 최악의 경기상황에서, 매출이 급하락하고, 시장의 경쟁상황이 극에 다다랐을 때 이룩한 성과는 '믿을 수 없을 정도'로 소중하다.

2009년 현재 경기하락과 노사문제, 그리고 무한경쟁 상황에서 많은 기업들은 사상최악으로 힘들다고 한다. 그러나 이럴 때일수록 함께 이룬 성과는 더욱 값지다. 세나가 예상치 못한 믿을 수 없는 성과를 달성하면 그 자체가 소중하다. 여기에서 '믿을 수 없는'이란 전혀 의외의, 그러나 간절히 바라고 원하던 것이 실체가 되어 나타나는 긍정의 결과를 의미한다. '믿을 수 없는'이라는 뜻의 영어 단어 '언빌리버블 unbelievable'은 19년 전 국내 씨름판의 황제였던 강호동 선수가 MC로 버라이어티 오락프로그램을 진행할 때 의외의 상황이나 결과에 대해 항상 외치는 단어다. "언빌리버블!"을 외치는 강호동 씨를 볼 때마다 그의 운동선수 경력이 오버랩된다. 무명의 신예였던 그가 19년 전 이만기 천하장사를 한판승으로 누르고 천하장사로 등극했을 그때, 특유의 포효咆哮를 하는 강호동 선수는 속으로 이렇게 외쳤을 것만 같다. "언빌리~버블!"

위의 여러 사례를 통해 결론을 얻자면 훌륭한 스포츠 코치의 특성은 경영조직에서의 리더의 그것과 별반 다르지 않다는 것이다. 훌륭한 리더는 탁월한 성과를 목표로 하지만 성과자체를 목적으로 하지는 않는다. 코치는 선수의 기록갱신이나 팀의 승리를 위해서 선수를 이용하기보다는 오히려 선수를 진심으로 신뢰하고, 배려함으로써 최고의 결과를 달성하도록 한다. 성공하는 기업조직의 리더도 마찬가지다. 보상에 대한 협박이나 통제 또는 간섭을 하는 것이 아니라 구성원들의 가능성을 믿고 그 신념을 표현해 줌으로써 구성원이 동기부여되어 자발적으로 도전하여 변혁적인 리더십을 발휘하며 성과를 내도록 이끈다.

최고의 성과를 낸 선수와 팀은 기초와 기본을 중시하는 코치에 의해 길러진다. 기본과 기초를 간과하고 얕은 임기응변적인 기술과 가시적인 성과만을 추구하는 코치는 결코 최고의 선수를 만들 수 없다. 또한 훌륭한 코치는 선수와 경쟁자(경쟁팀)에 대한 철저한 기록과 과학적 분석을 기반으로 최적의 훈련으로 양육한다. 또한 학벌, 파벌, 경력

리딩 파워(Leading Power)_사람을 이끄는 진정한 리더 이야기

이 아닌 잠재적 가능성과 실력을 기준으로 향후에 개발할 가능성이 큰 선수들을 거침없이 기용한다.

이와 같이 기업의 리더는 언제나 구성원의 기초와 기본을 다져야 하며 개개인의 수준에 맞는 인재양성을 실시해야 한다. 현재는 미약하지만 앞으로 개발하여 큰 성과를 낼 수 있는 인재를 발탁, 개발, 유지하는 것이 기업의 성패를 좌우한다는 것을 명심해야 할 것이다.

독한 리더,
과연 독毒인가 독督인가

2009년 KBS 방송국의 개그 프로그램 한 코너에서 나온, 후배들을 혹독하게 괴롭히는 얄미운 선배 캐릭터가 한창 인기였다. 이 캐릭터는 힘든 상황에 놓인 후배들을 동정하지도, 위로하지도 않는다. 오히려 자신으로 인해 곤혹스러워 하는 후배들에게 "미친 거 아니야?", "우리 땐 상상도 못 했어", "똑바로 해, 이것들아!", "영광인 줄 알아, 이것들아!"라는 독한 말도 서슴지 않았나. 이 코너는 선배 캐릭터의 뻔뻔함과 횡포에 큰 인기를 얻어서 2009년 말 연예대상 최우수 아이디어 상까지 수상하였다. 그 프로그램을 보면서 많은 사람들이 '어머, 어머. 맞아, 맞아! 왜 저런 선배, 저런 상사 꼭 있잖아~'라고 선배 캐릭터의 행동에 많은 공감대가 형성되었기 때문이라고 생각된다.

한 리서치기관에서 직장인 1천 명을 대상으로 조사한 결과, 함께 일하고 싶은 리더 1위는 '전문성(업무 능력)이 뛰어난 상사(46.9%)'로 나타났다. 2위는 부하 직원의 의견을 적극적으로 경청·수용·이해하는 상사(46.2%), 3위는 업무에 도움을 받을 수 있는 전문가나 지인 등 인맥이 풍부한 상사(44.1%)로 나타났다. 이에 반해 함께 일하기 싫은 상사 유형 1위는 업무지시에 일관성이 없는 상사(57.9%), 2위는 업무능력(전문성)이 부족한 상사(45.3%)로 나타났다(이 결과에 의하면 전문분야에 대해서 무식하고 권위적이기까지 한 상사는 아마 최악의 상사 '0순위'로 등극할 것 같다).

물론 가장 이상적인 것은 업무성과와 인간적인 배려를 모두 잘 하는 리더이겠지만 두 영역 모두를 잘 하는 리더를 만나는 확도擴道나 빈도頻度는 높지 않다. 그럼에도 불구하고 우리는 주변에서 뛰어난 성과 창출과 인간에 대한 깊은 배려심으로 진한 감동을 주는 '이상적인 리더'를 가끔 만나게 된다. 부하의 입장에서는 행운이고 축복이다(조직에서는 그런 리더를 핵심인재core human capital로 간주하고 지속적으로 유지·관리할 것이다).

이런 이상적인 리더들은 부하와 조직을 성장시키기 위해 변화시킨다. 또한 격려와 지원을 하며(물론 필요한 때에 적절하게 채찍도 사용한다) 부하들의 마음을 편안하게 해주면서 성과를 향상할 수 있도록 도와준다. 이런 유형의 리더는 블레이크와 머튼Blake & Mouton의 관리상자Managerial Grid에서 업무도 잘 하고 부하도 잘 챙겨주는 '팀형'에 속한다.

리딩 파워(Leading Power)_사람을 이끄는 진정한 리더 이야기

현실적으로는 업무와 사람에 대해서 균형적인 감각을 갖춘 이런 이상적인 리더보다는 미완성의 불균형적인, 그렇기 때문에 꾸준한 개발이 필요해 보이는 리더가 꽤 많다(바로 이런 면에서, 학습하고, 연습하고, 끊임없이 노력을 강조하는 기업 리더십 교육은 영원한 이슈이다). 미완성의 리더는 교육과 개선이 필요하다고 자각하고 노력하는 이상 문제가 되지 않는다. 이들보다는 자각하지 못하고 부족함을 인정하지 않는 리더(사실 이들은 엄격한 의미에서 리더라고 말할 수 없지만)가 조직 성장을 가로막는 가장 큰 암초라고 할 수 있다.

그런데 재미있는 사실은 부하에 대한 배려는커녕 가까이 다가가기에도 끔찍한데도 불구하고 궁극적으로 부하들로 하여금 존경을 받고 인정을 받게 되는 리더가 있다는 것이다. 이런 리더의 특징은 대체로 업무에 관해서 철두철미하며 인정사정도 없고, 타협도 없다. 독해 보인다. 아니 독하다. 이들은 일을 추진함에 있어서 철저하게 원인분석을 하고 추진하며, 맡은 바 책임을 다 해서 십요하게 실행하고 결국 획기적인 성과를 달성한다. 성과를 최우선으로 하고 인간적인 배려는 아예 없거나 혹은 미흡하기까지 하다. 이들은 블레이크와 머튼의 모델에서 권위·'순응형 리더'에 가깝다고 보면 된다. 이들은 겉으로는 강하고 독해 보이지만 알고 보면 성품이 나빠서가 아니라 목표달성과 위기상황에 대처하기 위해서 그들만의 리더십을 발휘한다. 아무리 독해 보여도, 이런 부류의 리더들은 사실은 대부분 '좋은 사람'에 속한다(우리 주위에는 겉으로 온화하고 사람 좋아 보이지만, 전혀 아닌 경우도 많지 않은가!). 이들은 자신의 영역에 대한 철두철미한 전문성을 바탕으로, 제대로 된 인재를 알아볼 줄 아는 안목과 그들만의 원칙에 충실한 부류의 리더일 확률이 높다. 이들에게는 시간이 지나면서 이들의 진심을 알게 되면 오히려 닮고 싶게 만드는 묘한 매력이 있다. 필자는 이렇게 '다른 것과 견줄 것이 없을 만큼 특별하게 다른' 독특한 부류의 리더를 일명 '독한' 리더라고 구분한다. 이제 '독한' 리더들을 한번 살펴보자.

사명이 있는 솔선수범의 독함

원래 '독한'이란 단어는 사전적으로 '굳센'의 의미와 '전염성 병원체나 바이러스'의 의미도 포함되어 있다. 고집이 센, 꾸준한, 그리고 무모할 정도로 앞뒤 가리지 않고 뛰어들기도 한다는 뜻도 있다.

'독한' 리더들은 공통적으로 초인적인 인내와 끈기를 가지고 있다. 주위의 시선과 비웃음, 냉대를 참아내며 묵묵히 자신의 목표를 위해 참고 또 참으며 계발을 게을리 하지 않는다. 왜 그럴까? 이들에게는 사명이 있기 때문이다. 목적이 있다. 미시적이거나 개인적인 목적이 아니라, 개인의 범주를 넘어서는 원대한 목적이 그것이다. 예를 들어, 자신을 위한 돈이나 명예를 넘어서 팀, 조직, 그리고 나라를 위한 목적일 경우가 많다. 대한양궁협회 서거원 감독의 경우 새벽 4시에 올림픽대로 26km를 양궁선수들과 함께 뛴다. 승용차를 타지도, 트럭을 타지도, 심지어 자전거를 타지도 않고, 그저 함께 뛴다. 해외 전지훈련 시 선수들의 담력을 키우기 위한 번지점프 훈련에서 65도 각도의 절벽을 가장 먼저 뛰어내리는 사람이 서 감독이다. 마지막 한 선수까지 모두 뛰어내리게 하기 위해 무려 아홉 번을 뛰어내렸다고 한다.

이처럼 이 유형의 리더들은 자신에게 먼저 독하고 나서 부하나 후배들에게 요구한다. 부하들에게 독함을 강조하고 혹독하게 하는 것도 먼저 리더 스스로 다 겪어본 것들을 강요한다. 리더 스스로 기본(법·제도·대간업무·보안준수)에 충실하며 성과를 달성하기 위해서 현재 겪는 고통이나 고난을 감당해야 한다는 것을 직접 보여준다. 그래야 부하들이 리더를, 그 개발과정을, 궁극적으로 실력이 올라가고 성과를 올릴 수 있다는 것을 확실하게 믿고 따르기 때문이다. 결국 리더 스스로가 자신에게 엄격하며, 철저하게 원칙을 지키고, 정갈하게 행동하기 때문에 그런 리더의 부하들은 믿고 따르게 된다.

우리나라의 어느 유명한 마라톤 선수는 무더운 한여름에 훈련을 하느라 사력을 다해 뛰는데 트럭을 탄 채 선수 바로 앞에서 "더 빨리, 더 빨리!"하며 채근하는 감독에게 분노 이상의 격한 감정을 겪었다고 털어놓았다. 리더는 과거의 경험과 체험으로 부하를 감동시킬 수는 있지만 부하가 자발적으로 실행하게 할 수는 없다. 오직 독하게 솔선수범하는 리더만이 부하들로 하여금 목적을 달성하기 위해 자발적으로 노력하도록 동기부여할 수 있음을 명심하자.

"지금 자네들이 하는 고생, 그거 내가 한 거에 비하면 아무것도 아니야. 나도 그만할 때 다 그렇게 했어. 오히려 더 했으면 더 했지"라고 말하는 리더가 있다. 이 말은 오직 부하의 의욕이 하늘을 찔러서 낮출 필요가 있다고 판단될 때 사용하면 된다(실험 후 바로 부하의 동기저하가 나타나는 것을 확인할 수 있을 것이다). 이렇게 부하를 디모티베이션de-motivation, 동기저하하는 리더를 주위에서 마주칠 때면 그저 안타깝다. "요즘 힘들지? 내가 봐도 자네는 지금 대단한 일을 하고 있는 걸세. 하지만 자네니까 그런 도전과 열정을 발휘하는 거라 믿네. 내가 자네 나이 때는 상상도 못할 일이야. 힘들지만 도전하는 자네 모습이 뿌듯하네. 반드시 성과가 있을 거라 믿네. 역시 내가 부하 복은 있어"라고 말한다면 부하의 반응이 어떨지 자명하지 않은가? 물론 모든 부하에 대해 일률적으로 이러한 '근거 없는 믿음'을 남발하는 것은 너무 큰 모험이긴 하다.

독(毒)함, 무지의 결과

독(毒, 독 독)이 있는 독한 리더가 있다. 원래 '독' 자는 산모母가 약초(풀을 나타내는 艸에서 한 글자만 따온 자)를 너무 많이 먹으면 몸에 나쁘다는 데서 비롯되었는데, '사람을 해치는 풀'이라는 뜻이다.

독한 리더는 부하를 거칠게 대하거나, 근심스럽게 하거나, 괴롭게 해서 정신적 육체적 건강을 해한다. 이들은 현실에 맞닥뜨린 목표달성을 위해 불필요한 갈등과 지나친 경쟁을 유발하면서 부하들을 혹독하게 몰아붙인다. 리더의 이런 불편한 자극이나 무모한 추진 때문에 부하들은 자신감과 자존감을 잃고 의기소침해지기도 한다. 세계 최고의 요리사를 양성하는 TV 프로그램인 〈헬스 키친Hell's Kitchen〉의 셰프 고든 램지Gordon Ramsay가 있다. 세계적인 레스토랑 체인점을 10여 개 운영하는 운동선수 출신의 고든 램지의 경우, 입에 욕을 달고 산다. 다 큰 어른들이 그가 쏟아내는 독설 앞에서 눈물을 흘리며 도전을 포기하려 한다. 그렇지만 그의 제자가 되려고 아우성이다. 왜냐하면 그는 성공을 체험하게 이끌어주기 때문이다. 그래서 고든 램지는 세계적으로 그 분야에서 성공한 리더로 인정받고 있다. 그는 부하들을 괴롭히고 무시하고 매몰차게 몰아붙이는 나쁜 리더처럼 보이는데, 실제는 표현이 서투르거나 따뜻한 마음을 들킬까봐 감추고 위장하는 유형의 리더라고 보면 된다.

아이러니한 것은 이런 유형의 리더들에게 중독이 될 수 있다는 점이다(사실 영국의 세계적인 요리사 제이미 올리버Jamie Oliver의 리더십보다는 고든 램지의 리더십이 더 자극적이고 중독성이 있다). 좋게 보면 나름 매력이 있어 보이는 나쁜 남자 또는 '까칠남'에게 여성들이 매력을 느끼는 것과 비교해보면 어떨까 싶다.

이런 유형의 리더들이 부하에게 독한 행동을 하는 이유가 무엇일까? 설마 부하들이 불친절하고 못되게 구는 리더를 기꺼이 포용할 의

지가 있는 마조히스트masochist라고 착각하는 것은 아닐 것이다. 고든 램지처럼 부하를 성공시키지도 못하면서 무식하게 독하기만 한 리더들이 있다. 이것은 한마디로 리더의 무지 때문이라고 판단된다. 자신의 리더십 스타일이 최상이라고 생각하고 다른 것은 알기를 원하지 않는 무지, 타인의 성격이나 가치관에 대한 무지, 중요한 본질(사람을 키움으로 성과를 달성하는 목적)과 주변적인 비본질(목적을 달성하기 위한 방법론)에 대한 무지가 아닐까? 만약 필자가 부하라면 이런 리더에 대해서 진작 포기하고 참거나 아니면 긴장감과 호기심으로 인해 중독되어야만 견딜 수 있을 것 같다. 다만 간혹 '별 수 없어. 말이 안 통하면 이렇게 하는 게 최고야'라고 생각하고 부하를 대하는(무지하기 때문에) 독한 리더에게 아무런 근거도 없이 '이것이 최선이다'라는 환상에 빠져서 동조하는 것은 바람직하지 않다. 또한 이런 리더에 대해서 독립적인 사고와 판단력이 흐려지는 것은 부하의 경력개발 면에서도 조심해야 할 듯하다.

독(獨)함, 책임이라는 운명에 대한 고독

외로운(獨, 홀로 독) 리더가 있다. 리더는 공동의 목표를 향해 부하들보다 앞서서 더 많은 것을 생각하고, 염려하고, 제시하고, 행동해야 하기 때문에 고독하다. 리더는 의사결정을 할 때 항상 두렵고 외롭다. 과학적인 근거와 100%의 확신이 있어도 실패할 수 있고 예기치 못한 복병으로 인해 예상한 결과를 얻지 못할 때가 있다. 이때 그 모든 결과를 감당해야 하고 대비해야 하는 존재가 리더이다.

세계적인 〈포춘〉지가 '미국에서 가장 무자비한 CEO 1위'로 뽑은 GE의 전 회장 잭 웰치Jack Welch는 "CEO는 직원을 내보낸다든가, 프로젝트 지원을 중단한다든가, 공장문을 닫는 등 어려운 결정을 내려야 할 때가 있다. 당연한 이야기지만 어려운 결정을 내리면 불평도 나오고 저항도 있다. 리더가 할 일은 그들의 말에 귀 기울이고 자신의 입장을 명확히 설명하되 밀고 나가는 것이다. 리더란 인기상을 타려고 경합하는 것이 아니라 앞서서 이끄는 사람이다"라고 했다.

그의 이런 말에서 리더의 고독과 외로움이 묻어난다. 리더는 중요한 결정을 내릴 때 가끔 외로워진다. 왜냐하면 결정에 따른 모든 책임을 져야 하기 때문이다. 외롭지만 최고의사결정의 순간에 스스로 의연해야 하는 존재가 바로 리더이다. 따라서 이런 리더는 외로움을 즐기도록 연습해야 한다. 피할 수 없으면 즐겨야 하듯이. 그렇다고 언제나 '외로운 사냥꾼'의 이미지로 남는 것은 바람직하지 않다. 부담스럽고 식상함을 느낄 수 있기 때문이다. 가끔은, 아주 가끔은 부하들에게 있는 그대로 약한 모습, 인간적 모습을 보여주는 것이 좋다. 그러면 부하들이 리더에게서 인간적인 정과 동질감을 느끼게 된다. 부하는 자신이 리더를 위로하면서 상사에게 힘이 되는 존재라고 느끼게 되면 스스로를 대견해 한다. 의젓하고 믿음직스럽게 보좌하고 있다는 믿음이 부하로서의 자존감을 상승시킨다. 지도를 받거나 질책을 받기만 하는 대상이 아니라 리더가 힘들 때 기댈 수 있는 존재라고 생각하면 그 부하는 기꺼이 리더의 행복한 그림자가 된다. 그림자는 때로 뒤에 있거나, 앞에도 있다. 작아졌다가 길어지기도 한다. 사방의 화려한 조명 때문에 잘 보이지 않을 때도 있다. 그러나 분명한 사실은 그림자는 눈에 보이지는 않아도 그림자의 본체(리더)와 항상 함께 존재한다는 것이다.

부하는 절대복종이 몸에 밴 노예도 아니고, 예스맨도 아니다. 독립적으로 생각하고 적극적으로 참여할 수 있는 존재로 부하를 대하면 그 부하는 분명 리더에게 기대 이상으로 부응한다는 것을 기억하자. 무조건적인 절대복종과 생각없는 충성을 하는 수동적인 부하가 아니라 독립적인 사고와 철학을 가진 '그림자(실체하고 있는 리더의 분신, 파트너라는 뜻이다)' 같은 부하가 있다면 리더는 외롭지 않을 것이다.

독(督)함, 관찰과 피드백을 위한 철저함

마지막으로 감독하는(督, 감독할 독) 리더가 있다. 부하들을 거느리기도 하지만 세밀히 관찰하면서 보살피고 통솔하는 리더라고 보면 된다. 이들 리더는 눈으로(目=罒) 잘, 충분히(叔) 살펴보는 리더라고 할 수 있다. 부하를 리드하려면 무엇보다도 관심을 가지고 잘 관찰해야 한다. 예를 들어, 유명 엔터테인먼트 연예기획사의 L사장, P사장은 아이돌 스타 한 명을 육성하기 위해 전국의 초·중·고등학교를 돌아

리딩 파워(Leading Power)_사람을 이끄는 진정한 리더 이야기

다니며 예비스타들을 물색한다. 히딩크 감독도 2002월드컵 축구대표단을 구성하기 위해 다른 사람이 이미 만들어서 제출한 데이터나 자료에 의존하지 않았다. 국내외 우리선수들이 소속되어 있는 축구단이 있는 곳이라면 바로 달려가서 그의 눈으로 직접 보고, 충분히 관찰·연구한 후 선발해서 최고의 병기로 만들어갔다.

감독을 해야 하는 리더에게는 무엇보다도 객관적이고 합리적인 관찰이 필요하다. 부하를 코칭할 때나 면담을 할 때도 우선 사실에 입각한 '관찰'을 기반으로 한 데이터와 정보를 가지고 해야 한다. '내가 이 바닥에서 몇 년인데, 탁 보면 다 보이네. 저런 행동을 한 건 이러이러한 이유 때문인 게 분명해'라는 추측과 판단은 금물이다. 부하 한 사람 한 사람이 다르기 때문이다. 다양성을 인정하고 감독해야 한다. 그러기 위해서는 먼저 잘 보고 들으며 철저하게 관찰해야 한다. 이때의 관찰은 감시가 아니라 관심이다. 관찰이 전제되지 않은 통솔은 지시와 명령일 뿐이다. 관찰한 후에야 통솔하고 감독할 수 있는 것이다. 부하가 어떤 상황에 어떤 행동을 했는지, 그 결과는 무엇인지를 건설적으로 피드백 해주는 것이 바로 감독, 리더의 역할이다.

주위에서 가끔 절대적으로 복종하는 몇몇 부하들만을 동반한 채 '그들만의 여행'을 하는 리더들을 볼 수 있는데, 이들을 진정한 리더로 보기는 어렵다. 리더의 책임감은 소수의 몇 명을 위한 것이 아니라 모든 부하를 위한 것이다.

팔레토 법칙에서 말하는 주요핵심인력 20%를 제외한 "80%의 비
핵심인력을 어떻게 이끌어 가느냐"가 리더로서의 성패를 좌우한다.
20%의 핵심인력만이 전장에 나가 싸우고 80%의 군인이 싸우지 않는
다면 과연 승리할 수 있는가? 야구팀 감독은 에이스 몇 명만의 감독이
아닌, 주전과 후보선수 모두의 감독이어야 하는 것처럼…. 좋은 리더
는 공동의 비전을 향해, 한 방향으로, 모든 구성원이 다 함께 나아갈
수 있도록 소통하는 존재이다. 그렇기 때문에 좋은 리더는 부하로 하
여금 업무나 부하 자신의 능력에 대해서 모멸감이나 자괴감을 느끼게
하지 않는다. 대신 부하가 깨달을 수 있도록 알려주고, 도전하고자 하
는 모멘텀momentum을 제공해 주고, 그리고 지속적으로 지원해 준다.

흔히 삶을 여행에 비유하는데, 리더십도 마찬가지이다. 혹시 지금
리더인 당신과 부하의 관계가 '실체와 그림자', 그리고 '즐거운 여행을
떠나는 동반자' 관계라고 생각한다면 당신은 분명 성공적인 리더십의
과정을 충실히 밟고 있다고 하겠다. 단, 혼자 섣불리 판단한 후 스스
로 대견해하거나 절망하지 말고 주위의 다양한 리더십 역량 및 스타일
진단을 사용하여 객관적으로 검증, 진단해 보기를 권유하는 바이다.

리딩 파워(Leading Power)_사람을 이끄는 진정한 리더 이야기

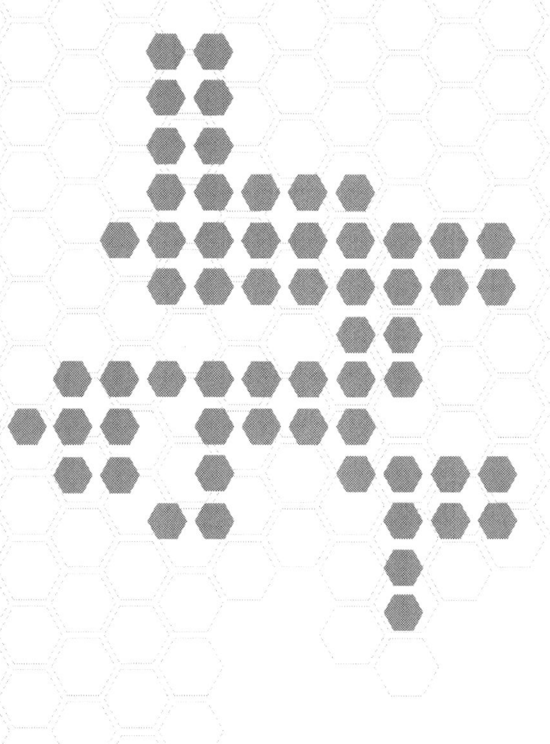

12장

세종, 세계에 자랑하고도 남을 우리의 리더

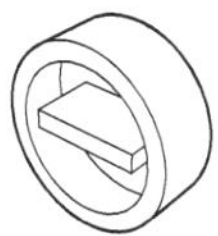

　10월 9일은 세계에서 가장 과학적인 언어인 '한글'이 탄생, 공표된 날을 기념하는 한글날이다. 한글은 처음에는 "백성을 가르치는 바른 소리"라는 뜻으로 훈민정음이라 불리었다가 한글학자 주시경 선생님에 의하여 '한글'이라고 명명되기 시작했다. 한글의 '한'이란 한민족의 뜻도 있지만, '크다', '바르다', '하나', '으뜸'의 뜻도 있는데 그 뜻을 다 합쳐보면 '훌륭한 우리날'이라는 의미를 가지고 있다.

　한글의 탄생 배경에는 우리말이 없는 상태에서 한자를 배우지 못해 결국 가난을 벗어나지 못하는 백성들을 가련하게 생각한 임금이 있었다. 그가 바로 세종이다. 세종은 조선왕조 태종의 셋째 아들(충녕대군)로 태어났으며 태조 이성계의 조선 건국(1392년) 후 30여 년이 지난 1418년에 조선 4대 임금(1397~1450)으로 즉위하였다. 조선왕조 519년 동안 재임했던 임금들의 평균 재임기간은 11년 5개월이었지만 세종은

32년이라는 경이로운 기간 동안을 재임했던 분이다. 그가 바로 집현전이라는 싱크탱크 집단과 함께 닿소리(자음) 14자와 홀소리(모음) 10자를 합하여 24자로 된 한글을 만들어 1446년에 처음 공표하였고, 이후 백성들이 널리 사용하도록 한 것이다.

우리 역사 5천 년 동안 진심으로 백성을 사랑하고 배려했던 가장 위대한 임금, 세종을 생각하며 그의 리더로서의 자취를 따라가 본다.

조선왕조실록에 나타난 세종의 리더십

"영웅의 출현에는 반드시 시대와 인물 사이의 일치가 있어야 한다"고 미국의 철학자 윌리엄 제임스William James가 말했다. 최상의 리더십 또는 리더가 탄생하려면 '환경-시대-인물' 간의 상호 조합이 반드시 필요함을 알려준다.

15세기 초 조선의 상황을 보면 고려가 해체된 후, 비효율적인 계급이 제거되고 새로운 시대에 맞는 계급이 출현하기를 바라는 시대적 요구가 있었다. 즉, 조선이라는 신생국가의 임금은 신생국가 조직에 가장 맞는 모든 시스템을 찾기 위해서 끊임없이 연구하고, 찾아보고, 헌 것을 바꾸고, 없는 것은 새로 창조하고, 구성원들에게는 활기차고 즐겁고 신바람 나는 분위기를 마련해 줘야 했다. 그 모든 일들을 가능하도록 나라를 경영한 임금, 조선의 리더가 바로 세종대왕이었다.

세종은 즉위한 직후부터 '생생지락(生生之樂, 기쁨이 넘쳐흐르는

리딩 파워 (Leading Power)_사람을 이끄는 진정한 리더 이야기

세상 만들기)'이라는 강력한 의지와 국가경영철학을 가지고, 범국가적이며 세계적인 인프라를 구축해 나갔다. 어린 시절 부친인 태종 이방원의 치열한 권력 투쟁을 직접 보고 배우며, 장자가 아닌 셋째 왕자임에도 불구하고 자질과 실력을 겸비하여 국왕의 자리에 오른 세종은 인간에 대한 사랑을 근본으로 하여 국가를 경영하였다. 당시 유교 이데올로기로 무장한 엘리트 계급은 유교의 '예禮'를 중시하였고, 이러한 예는 세종시대의 인간관계의 원칙과 실제 규범적 사회질서의 일부분으로써 세종의 국가경영의 근본사상이 되었다. 세계적인 유산이 창조되고 국력이 강화된 세종시대의 태평성대는 한순간에 이루어지거나 뛰어난 임금 한 사람이 출현해서 이룩한 결과는 아니다. 사실 많은 상황적인 요인들이 절묘하게 이루어져 낸 결과인 것이다. 그 상황적인 배경을 보면 다음과 같다.

조선 3대 임금인 부친 태종의 엄청난 피의 숙청, 외척세력 제거 등 치열한 권력투쟁의 모든 일들을 직접 겪은 충녕대군(세종)은 현실정치를 익힐 기회가 되었고 결과적으로 자신과 대적할 만한 정적이 없는 환경에 서게 되었다. 칼로 수많은 피를 흘리게 하여 정권을 잡았던 태종이 신하들과 국민들에게 합법성·정당성·도덕성을 인정받지 못한 반면, 백성들의 성군에 대한 열망은 더욱 커지게 되었다. 어쩌면 이러한 환경으로 인해 태종에 비해 상대적으로 모든 합법성(정통성)·전문성·

유일성·자질이라는 모든 면에서 뛰어난 영향력을 가진 충녕대군(세종)
이 자연스럽게 백성들의 폭넓은 지지를 받게 되었는지도 모른다. 당시
급변하는 주변국들과의 관계, 국내적으로는 정치적인 과도기를 겪어
야 하는 백성들은 경제적으로 어려운 피폐한 삶을 살면서 자신들을 위
기와 위협의 상황에서 구출해 줄 최고의 임금인 '성군'을 바라게 되었
다. 결국 이와 같은 환경적인 요소들로 인해 세종의 리더십은 탄생하
였고 빛을 발하게 되었던 것이다.

　게다가 왕위를 이을 자격이 있는 세종의 첫째 형 양녕대군은 적장
자이긴 했지만 성격이 광폭하고 미혹하며 게으르며 음란할뿐만 아니
라 유생을 멀리하고 학문을 게을리 하였다. 둘째 효령의 경우 자질이
미약하고 성질이 너무 곧아 개좌開座하는 능력이 없었다. 태종이 양녕에
게 왕위를 넘기지 않은 이유는 "내가 일찍이 양녕을 세자로 세웠으나
학문을 좋아하지 않을 뿐만 아니라 성색聲色에 깊이 빠져 있다", "세자
는 내가 잘 되라고 하는 말을 싫어한다. 장차 가르치기가 어렵겠다"라
는 것이었다. 이에 반해 세종에 대해서 태종은 "토목공사는 백성들이
심히 괴롭게 여기는 일이지만, 국가를 위해 필요한 일이다. 이제 백성을
수고롭게 하는 일은 내가 다 감당하겠다. 세자가 즉위한 다음에는 한
줌 흙이나 한 조각 나무의 공사라도 하지 않게 하여 민심을 얻게 하겠
다"라며 신뢰와 믿음으로 지원하면서 태평시대로 가는 초석을 마련해
주었다. 장자 양녕대군을 선택하지 않고 충녕을 택한 태종의 절대적인

신뢰와 믿음은 세종으로 하여금 최선의 리더가 되고자 하는 일종의 동기부여로 작용했을 가능성이 크다.

〈경제·법〉

　세종이 즉위할 즈음의 국제정세는 변화와 불확실성, 격변의 시기였기 때문에 조선에도 경제위기 타파와 실리추구의 외교정책이 절실히 요구되었다. 또한 급변하는 국제환경(중국은 원나라에서 명나라로)의 변화와 활발한 교류의 시대(이슬람 문명 즉, 과학기술과 IT기술이 중국을 통해서 유입됨)였음에도 불구하고, 태종 시대의 인재들이 모두 자취를 감추고 한편으로는 새로운 인재들이 출현하던 '불확실성의 시대'였다. 이런 상황에서 세종은 가장 먼저 백성들의 먹고사는 문제인 경제위기 타파를 국가경영의 원칙으로 하였으며 백성의 안위를 위한 국가경영의 비전을 강화해야 했다. 세종은 직접 선발한 집현전 학자들과 함께 측우기, 수차, 각종 개량 농법(간종법)들을 만들어 농업부문의 생산방법과 구조를 혁신하였고, 서민들의 먹을거리 문제를 해결한 후 문화 르네상스를 이루었다. 세금과 조세 등 세법을 정비하고 표준 조세안인 공법을 확립하였고, 경제발전을 위해 경제법을 만들고 산업 활동에 방해가 되는 각종 규제를 완화하는 정부시책도 마련하였다. 또한 『농사직설農事直說』 편찬 등 우리 실정에 맞는 농업을 개발하는가 하면, 대규모 북방사민과 개간척사업을 통해 농업생산력을 증대시켰다. 그 결과 토지 1결당 쌀 생산량이 최고 4배가량 증가하는 등 나라의 경제사정도 좋아졌다.

〈정치〉

세종의 첫 번째 정치 비전은 "어짊을 베풀어 정치를 일으켜 세우겠다"라며 부강한 조선을 만드는 것이었다. 왕위에 오른 세종은 취임사를 통해 "삼가 생각하건대 태조께서 나라를 창업하시고, 부왕 전하 태종께서 큰 사업을 이어받으셨고, 다시 내가 그것을 이어받게 되었다. 따라서 일체의 제도는 모두 태조와 부왕 태종께서 이루어놓으신 법도를 따라갈 것이다"라며 왕권이 바뀔 때마다 생기는 급격한 변화나 정치보복과 같은 것에 대한 우려를 사전에 차단하고 사면령을 반포하였다.

〈외교〉

세종 당시 조선이 중국에서 들여온 것은 서적·약재·악기·화약 등이었고, 명明이 조선에 요구한 것은 말·소·화자·처녀·송골매·사냥개 등이었다. 그러나 명이 3년에 한 번 조공을 바치라고 한 것을 조선이 오히려 1년에 세 번 조공하겠다고 나섰는데, 이러한 조선의 정책은 대명관계가 안정되면서 더욱 본격화되었다. 이 과정에서 조선은 진헌품에 상응하는 사여물을 수령하여 국제 수지에서 균형을 유지하게 되었다. 당시 조선이 1년에 세 번 조공을 하겠다고 한 것은 사대 외교의 명분을 취하는 동시에 무역에 있어 실리를 꾀하기 위한 전략의 일환이었던 것으로 보인다. 그러나 세종은 명과 실용주의 외교정책을 펼치면서도 국익에 위배되는 경우가 생기면 반드시 자주적이고 독자적으로 행동했다. 대일외교의 경우 세종 25년에 계해조약 체결 후 3포를 개항하였고 대마도 정벌 이후 안정된 관계를 이루었다. 세종은 일본으로부터 동銅을 수입하여 화폐를 만들기도 하는 등 일본과의 외교는 군사적 '전승'을 목표로 하지 않고, '전쟁과 평화'를 꾀하며 실리를 추구했던 것으로 이해할 수 있다.

〈교육·인재 양성〉

세종은 "요즘 과거시험이 원래의 취지에서 어긋나 있고, 선비들도 화려한 문체만을 좋아하여 진지하게 실용에 맞는 참다운 인재를 배출 못하고 있다"라며 교육제도나 고시제도를 개탄하였다. 세종은 도처에 있는 인재를 가려내기 위해 과거 시험문제로 현재 조정에 닥친 난제를 털어놓고 신선한 아이디어를 들으며 인재를 발탁하였다. 또한 세종 시대에는 인재등용에 있어서 흠이 있는 신하를 인재로 중용하였다. 다시 말하면, 일관되게 신하에 대하여 믿음을 가지고 '인재의 장점을 취하는' 인사정책을 폈다. 언관들이 황희, 김종서 등을 도덕성 문제로 집요하게 공격했을 때, 공적을 이룰 때까지 그들을 보호하면서 그들이 '뛰어난 인재'라는 것을 확신했고, 공적에 의해 그들의 허물이 극복될 수 있다고 보았다. 특히 세종은 경제·정치·사회·문화·음악·예술 등 나라의 모든 분야에 집단지성의 대표집단인 집현전을 싱크탱크집단으로 이용하는 정치를 추구하였다.

또한 세종은 하늘과 땅 사이 즉, 위로는 하늘을 섬기고 아래로는 백성을 섬기며 그 사이에서 완벽한 균형을 맞추고 어느 한쪽으로 치우치지 않는 '중용'을 지킨 임금이었다. 세종은 구성원의 내면, 즉 영혼을 움직이는 리더는 '섬기는 리더'였다. 세종이 베풀었던 섬김의 리더십은 국가의 구성원 모두가 필요로 하는 것을 생각하기, 구성원을 사랑하는 마음으로 진정한 가치 체계 구축하기, 다른 사람들이 마음 깊숙이 간직하고 있는 가치를 지킬 수 있도록 자유를 보장하는 환경 만들기 등, 책임과 권한을 중시하기보다는 최고의 섬기는 자가 되는 것을 목표로 하며 '사람에 대한 따스한 사랑'을 베푸는 리더십이었던 것이다. 이런 면에서 세종은 나라의 군주로서 신하와 백성을 진심으로 섬기고 보살피고 그들과 나라의 발전을 위해 진정으로 '섬기는 리더'였다고 할 수 있다. 이처럼 세종은 백성 위에 군림하는 것이 아니라 국가와 백성의 발전을 위해 평생을 노력하며 조선의 국력을 향상시켰던 조선시대 최고의 성군이었다.

리딩 파워(Leading Power)_사람을 이끄는 진정한 리더 이야기

리더십 이론으로 본 세종의 리더십

다음은 세종의 리더십을 리더십 이론에 근거하여 구체적으로 살펴보았다.

리더십 특질이론과 행동이론, 그리고 상황이론으로 세종의 리더십을 살펴보기 위해 먼저 세종의 정치이념의 총체인 『대학연의』에서 찾을 수 있는 세종의 리더십 특성과 행동요소는 다음과 같다.

- 수신修身 – 자기경영(셀프 리더십)
- 존현尊賢 – 현자에 대한 존경(겸손과 섬김의 리더십)
- 경대신敬大臣 – 나라의 원로를 존경하는 것(겸손)
- 체군신體群臣 – 여러 신하들의 입장을 모두 받아 생각하는 것, 신하 입장에서 생각하는 정치(개별 배려의 리더십)
- 자서민子庶民 – 어리고 연약한 백성들을 자식처럼 사랑하는 것(섬기는 리더십)
- 래백공來百工 – 전문인력의 스카우트(열린 인재경영)
- 회원인懷遠人 – 외국인을 포용하고 유화하는 것(글로벌 리더십)
- 회제후懷諸侯 – 주변국과 협력(화해)
- 친친親親 – 친척 내지 친한 사람과 화목하게 지내는 것(화해와 협력)

여기에서 알 수 있는 세종은 카리스마(신하들의 자발적 충성을 유도)능력·진취성·절제·중용·겸손·자기경영·현실대처능력 등을 갖춘 준비된 리더, 섬김·소통·자기경영·인재경영 및 육성·화합·개별배려·열린 인재경영의 리더였다. 그는 1990년대부터 현재까지 가장 빈번하고 활발히 연구된 리더십 이론 중 배스B. Bass의 변혁적(카리스마, 개별배려, 지적자극, 희생) 리더십과 거래적(상황보상, 예외적 관리) 리더십을 모두 실천한 가장 이상적인 리더십을 발휘한 리더라고 할 수 있다. 또한 조정의 신하들, 싱크탱크집단인 집현전 학자들, 백성들에게 성과지향적이며 인간지향적인 리더십을 골고루 균형 있게 발휘한, 우리나라 역사상 중용의 리더십을 최고로 발휘한 리더였다. 특히 리더십 행동이론leadership behavioral theory에 의하면 세종대왕의 경우 성과와 인간을 모두 중시하는 9.9형(이상형)으로써 인간과 과업을 모두 중시하는 가장 이상적인 리더였다고 여겨진다.

나라가 시끄럽다. 정치, 경제, 사회, 문화 온통 먹먹하다. 세계도 시끄럽다. 기아, 난민, 전쟁, 테러, 질병, 분쟁이 끊이지 않는다. 분열과 혼란. 도대체 몇 년 째인지 모르겠다. 좀 지나면 나아지려나 하고 참아봐도, 점점 더 심해지는 것 같다. 게다가 100년 전 기상관측을 시작한 이래 처음 맞는 음력 8월 한가위 대보름 의 홍수. 그 처참한 홍수의 잔상이 아직도 생생하다. 스티븐 호킹이 최근 발표한 '100년 안에 지구는 망한다'라는 말이 정말이겠다 싶다.

그렇지만 희망은 있다. 가끔씩 어떤 로맨스, 리더에 대한 로맨스 leadership Romans를 느끼고 싶을 때가 있다. '그런 사람이 어디 있겠어?'라는 비관적이고 냉소적인 생각보다는 갑자기 정말 훌륭하고 위대한 리더가 나타나서(어디선가 누군가에 무슨 일이 생기면 나타나는 만화영화 캐릭터 짱가처럼) 이 모든 난관과 어려움을 다 해결해줄 거라는 믿음을 가지는 편이 정신건강에 좋지 않을까.

훌륭한 리더를 바라고 있거나, 혹은 훌륭한 리더가 되고자 하는 꿈을 꾸는 분들이 있다면 우리나라 역사뿐만이 아니라 세계 역사상 가장 위대한 리더로 손꼽히는 세종대왕의 발자취를 살펴보기를 바란다. 6백여 년 전에 펼친 그의 완벽하고도 아름다운 리더십을 많은 사람들이 배우고 벤치마킹한다면 현재의 나, 그리고 조직, 더 나아가 국가를 둘러싼 수많은 위기상황을 극복하는 것은 물론 나아가 세계 인류의 평화와 발전을 위해 쓰임 받는 리더가 될 수 있을 것이라고 믿는다.

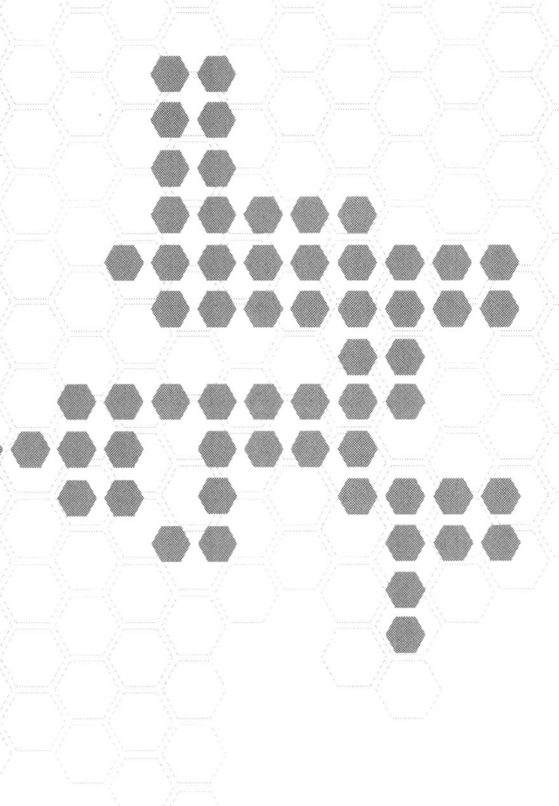

리더에게 없으면 실패하기 쉬운 리더십 역량들

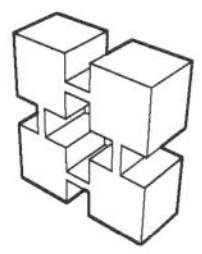

2010년 남아공 월드컵 16강 진출을 기념하면서 이번에는 축구감독, 선수 그리고 축구 관련자들의 리더십 역량과 관련을 지어서 실패한 리더들의 특징을 살펴보도록 하겠다. 지금껏 훌륭하거나 성공한 리더, 그래서 벤치마킹이 하고 싶은 리더에 대한 연구와 분석을 했지만, 실패한 리더들이 갖추지 못한 역량들을 살펴보는 것도 의의가 있을 것이다.

다음은 정리한 역량들이다.

전문성

축구 심판의 자질에 대해서 2010년 남아공월드컵대회만큼 심각하게 이슈가 된 적이 없었다. '심판을 발로 한다,' '편파판정이다', '분명 뇌물을 먹었을 것이다'라는 원초적인 비판은 제외하고서라도 세계적인 대회에 출전한 심판들의 전문성이 큰 이슈가 된 것은 이례적인 일이다. FIFA의 12년 장기집권자 제프 블래터Joseph Sepp Blatter 회장이 심판 오심으로 16강에 오르지 못한 멕시코와 미국을 위해 황급히 기자회견을 하고, 비디오 판독을 도입하네 어쩌네 하면서 시끄러운 것도 결국 심판의 전문성에 대한 불신의 결과인 것이다. 오프사이드와 핸들링 반칙에 대한 일관성 없는 판정, 그리고 전 세계인과 선수들이 다 보았는데 눈앞에서 벌어진 퇴장 수준의 위험한 태클을 못 본 것 등이 그것이다.

스티븐 스필버그와 톰 행크스가 제작한 박진감 나는 전투 장면과 부대원들의 전우애를 그린 미국의 TV 드라마 〈밴드 오브 브라더스Band of Brothers〉가 있다. 제2차 세계대전 참전용사들의 증언과 실화를 배경으로 한 영화로써 실제 리처드 윈터스 중위라는 영웅의 이야기를 모티브로 하고 있다. 그중 한 에피소드에는 이지 중대Easy Company의 모든 인사총무 관리와 대원들의 지옥훈련 등의 지도에 유능한 실력을 보여주는 소블 대위라는 인물이 등장한다. 소블 대위는 대대적인 전투훈련에서 방향감각이며 해당지역에 대한 지식이 없어서 무지한 명령을 내리게 되고, 명령을 따르던 중대원들이 가상 전투중 전원총살을 당하며 훈련이 종료된다. 두세 번 그런 일을 겪은 중대원들 사이에서 '실전 경험이 없는 저 중대장을 따라가면 전투에서 우리 모두 죽는다. 나는 그렇게 허무하게 죽기 싫다'는 공감대가 형성되고 급기야 대령에게 소블 대위를 보이콧하는 장면이 나온다. 대대장은 목숨이 달려 있는 전투에서 전투다운 전투도 못해 본 채로 죽기 싫은 부하들 중 선동대원 몇 명에게 계급강등과 다른 부대 전출이라는 징계조치를 하고, 문제의 소블 대위는 공수훈련장의 전투병력이 아닌 군의관이나 군목들을 대상으로 강하훈련을 시키는 자리로 재배치시킨다. "자네는 그쪽이 더 맞네"라는 말과 함께. 이 장면은 적과의 전투에서가 아니라 아군 조직에서, 바른 의사결정으로 많은 아군들을 살리는 신선한 장면으로 생각한다. 그 사건 이후 전투에 대한 전문지식과 실전경험이 많고 대원들을 든든히 지원하는 주인공 윈터스 소대장이 소블 대위의 공백을 훌륭하게 커버한다.

전문성이 없는 리더는 부하들의 신뢰를 받지 못한다. '나는 리더십이 부족하다'거나 '요즘 부하들에게 내 리더십이 안 먹히는 것 같다'고 생각된다면 먼저 자신의 전문성을 점검하라. 거기에 답이 있을 가능성이 높다.

진정성

월드컵 중계방송을 시청하는 동안 가장 많이 본 축구선수는 대한민국의 박지성 선수였다. 우리나라 대표팀이 경기를 하지 않을 때에도 그는 TV, 인터넷, 신문, 전철역 광고, 전철 무가지, 치킨집 광고지에 항상 사람 좋은 웃음으로 서 있었다. 작은 눈, 강한 눈빛 그리고 선한 얼굴은 아무리 봐도 질리지 않는다. TV 브라운관, 건강음료, 라면, 면도기, 스포츠의류, 정유, 자동차, 맥주와 양주 등의 광고에서 보이는 그는 순수청년 그 자체다.

그의 매력을 브랜드 가치로 환산한다면 얼마일까 궁금하기까지 한데, 그의 가장 큰 매력은 축구에 대해 변함없는 성실성과 진정성을 보여준다는 것이다. 주장 박지성의 리더십은 '소통'과 '배려'라는 기사를 본 적이 있다. 거기에 한 가지 추가하자면 그의 개인적인 매력이기도 한 축구와 삶에 대한 진정성이라고 생각한다.

리더가 부하의 부족함을 개발하기 위한다면 우선 자신의 업무에 대한 진성성과 부하에 대한 배려와 사랑에 진정성을 갖춰야 한다. 부서 내 모든 일과 사람에 대한 최종의사결정, 그리고 그에 따르는 모든 책임은 리더인 자신이 진다는 것을 부하들에게 명백히 보여줘야 한다. 그리고 부하들에게 도전하고 몰입할 수 있는 안전한 환경을 제공해주고 실패에 대한 두려움의 방패막 역할을 해야 한다. 리더의 진정성 전파속도는 초기에는 더디게 진행되다가 어떤 사건(예를 들어 사고, 조직을 둘러싼 위기상황, 외부의 충격 등)에서 진정성이 확인되면 부하들 사이에 급속히 확산된다. 그리고 부하들로부터 인정받는다. 진정성이 있는 리더를 비웃을 저질의 부하는 거의 없다.

만약 리더가 진정성은 없이 실력보다는 인맥을 이용해서 문제를 해결하거나, 직위나 연륜을 앞세워서 부하들을 압박하면 더 이상 존경받기는 힘들어진다. 두려움이나 공포로 성과를 내게 하는 것은 한계가 있으며, 부하들의 에너지와 활력을 소모시켜서 성과는 지지부진해진다. 아울러 진정성이 없는 리더는 조직 안에서 계략가나 사리사욕을 위해 행동하는 조직정치행동가로 인식되기 쉽다. 참으로 경계해야 할 부분이다.

진정성은 시대와 국경, 그리고 나이, 성별을 초월한다. 그래서 진정성이 있으면 사람들은 오지 말라고 해도 몰려가고 그를 믿고 추종한다. 이것이 바로 말이나 이성으로는 표현할 수 없는 카리스마의 한 부분이다. 어떤 일이나 사람을 대할 때 진정성이 없으면 사람은 쉽게 변절하고, 비겁해지고, 부패하게 된다. 리더에게 진정성은 맛을 잃지 않고 부패하지 않게 해주는 소금과도 같다.

품격

월드컵 시청을 하면서 차범근 해설위원의 해설이 맛깔스럽다고 느낀 것은 그의 해설에는 정갈한 품격이 있어서이다. 이는 어떠한 상황에서도 냉정하려고 노력하며 차분하고 엄격하게 자신을 단련시킨 결과일 것이다. 나이지리아 전에서 그의 자랑스럽고 사랑스러운 아들 차두리가 수비 실수로 한 점을 실점하자 "아, 차두리 사람을 놓쳤어요"라는 그의 짧은 말 한마디에 왠지 대인大人으로서의 절제와 품격이 느껴졌다. 차 위원은 우리나라가 골을 넣으면 환호와 탄성으로 뒤범벅이 되는 해설을 하기도 하지만, 우리나라와 경기를 하는 동안 상대팀에게 관대한 심판의 오심에 대해서도 그 특유의 절제하는 해설을 제공했다. 물론 세계축구에 대한 해박한 지식과 세계적인 기록을 보유한 축구선수로서의 경험도 있지만, 절제와 온유한 그의 언행에서 분명 품격을 느낄 수 있었다(참고로 독일 분데스리가에서의 308경기 중 98골을 넣은 그가 받았던 옐로카드는 단 1개였다! 축구선수로서의 그의 플레이도 품격이 있었던 것 같다).

격을 갖춘다는 것은 위엄이나 권위적이라는 말이 아니다. 일관성 있는 태도와 언행일치(이는 부하들의 앞에서와 뒤에서 한결같은 평가와 피드백을 줘야 하는 것도 포함된다)를 보여줄 때 부하들은 리더에게 권위를 부여하고 충성하기로 작정을 한다. 품격은 리더가 갖추는 것이며 부하로 하여금 리더에 대한 자랑스러움과 존경을 가지게 만드는 강력한 힘이 있다. 이 품격도 진성성과 함께 리더의 개인적인 특성으로서 카리스마의 한 요인이 될 것이다. 품격이라는 개인적인 특성은 공식적인 권력보다 더욱 강력하게 사람들을 매혹시킨다. 리더의 말 한마디, 몸짓 하나가 품격을 이루고, 리더의 품격이라는 우산 아래에서 부하들은 성장한다. 리더가 달변가일 필요는 없으나 절제된 단어로 필요한 말만 하는 것은 커뮤니케이션 전달이라는 측면에 있어서 훨씬 효과적이다. 말이 많으면 실수가 잦다. 너무 과묵하여 분위기를 다운시킬 필요는 없으나 생각 없이 툭툭 던지는 말, 자조적인 말, 다른 사람이나 조직을 무시하는 교만한 말 등은 리더의 품격에 치명적으로 부정적인 영향을 미친다. 리더는 선한 목적을 달성하기 위해서 부하들을 이끌어야 하며 말과 행동이 정갈해야 한다. 끝으로 갈수록 추하고 다른 사람들에게 피해를 입히는 사람은 진정한 리더가 아니다. 리더는 지나온 자리, 머물고 있는 자리, 그리고 미래에 나아갈 자리가 정결하고 깨끗해야 한다. 더러운 길은 가서도 안 되지만 그렇다고 부하를 더러운 길로 보내는 것은 더한 악을 행하는 것이다. 치열한 전투, 죽음의 전장에 나가더라도 리더의 삶 자체에 감동하고 그의 품격에 감동한 부하는 기꺼이 리더의 보좌관, 보호자, 추종자가 된다.

동기부여

부하를 동기부여하지 못해서 애를 먹는 리더가 있다. 동기부여가 안 되니 성과가 안 오르고 성과가 안 오르니 재미가 없고 재미가 없으니 동기부여가 안 된다. 그야말로 악순환이다. 멋진 말이나 거창한 비전을 제시한다고 동기부여를 잘 하는 것은 아니다. 리더와 부하가 마음이 통하고 부하가 감전되는 상태, 이때가 최적이다.

네덜란드 출신의 거스 히딩크 감독. 2002년 한일월드컵 당시 이탈리아와의 16강전. 전후반 90분이 1대 1로 끝나고 연장전으로 들어가기 전 히딩크 감독은 우리 선수들에게 "이제 (너희들 모두가) 새로운 자신을 발견하기 바란다"라고 말했다. 녹초가 된 상태로 그라운드에 다시 나가서 뛰어야 하는 선수들에게 그는 '나는 너희들을 믿는다. 너희도 너희 자신을 믿어라'라는 마음을 전한 것이다. 그 결과는 안정환 선수의 골든골, 그리고 월드컵 8강 진출이었다.

미국 리치몬드 오일러 고등학교의 농구팀에 관한 실화를 배경으로 한 영화 〈코치 카터Coach Carter〉(1999)에서 고등학교 농구팀에 부임한 켄 카터Ken Carter 코치는 빈민가출신의 오합지졸 선수들에게 "너희는 이제 승자가 될 것이다. 이미 너희는 '승자'이다. 그러니 '승자'처럼 생각하고 '승자'처럼 행동하라. 마지막엔 분명히 모두 승자가 될 것이다. 내 말대로 따르면 승리할 것이다"라고 말한다. "이 경기(=인생)는 너(희)만의 경기이다. 남들의 들러리가 되지 말아라. 너(희)의 경기로 만드는 것이다." 이것은 이미 승자가 되었다는 자신감과 동시에 비전을 제시하는 동기부여라고 생각한다. 결국 리치몬드 오일러 고교의 농구팀은 주州결승전에서 아깝게 석패했지만, 주전선수 모두가 역량을 개발하여 대학에 진학한다.

2010년 남아공월드컵 본선 4경기 내내 벤치를 지켜야 했던 골키퍼 이운재 선수. 그는 8강 진출을 위한 우루과이전에서 2대 1로 석패한 경기 직후 "첫 번째 골은 내 실수였다. 한 발 더 나와서 잡든가 쳐내든가 했어야 했다"며 아쉬워하며 울고 있는 정성룡 골키퍼에게 "네가 최고다. 좋은 경험을 했다. 이제 시작이다. 앞으로는 네가 짊어지고 가야

리딩 파워(Leading Power)_사람을 이끄는 진정한 리더 이야기

한다"며 안아주었다.

부하를 동기부여할 때는 좌뇌보다는 우뇌를 활성화시키는 방법이 낫다. 다시 말하면 이성적이며 합리적인 말 한마디보다는 감성을 사용해서 마음을 감동시킨다면 더 효과적으로 동기부여가 된다는 것이다. "최선을 다해라. 반드시 이겨라", "반드시 이겨야 한다, 우리의 목표는 1등이다"라고 말하지 않아야 한다. '필달수주必達受注', '목표달성'이라는 말 대신 '쿨cool한 수주', '즐거운 도전'이라고 바꾸면 부하들의 반응은 달라질 것이다. 우리 대표선수들의 목표가 16강 진출과 '유쾌한 월드컵'이라는 목표가 공존했기에 행복할 수 있었던 것처럼.

경청

2010년 남아공월드컵에서 대한민국의 허정무 감독과 선수들이 16강 진출을 달성할 수 있었던 많은 요인들 중 하나는 허 감독이 선수들을 대표하는 주장 박지성 선수, 이영표 선수 등의 말을 잘 듣고 그 내용을 관철시켰다는 것이다. 허 감독은 일방적인 감독의 의지를 관철시키는 것이 아니라 선수들의 요구를 듣고자 했고 그들의 드러나지 않은 욕구를 파악하려고 했다. 아르헨티나전에서 4대 1로 분패한 다음 날, 허 감독은 주장 박지성 선수의 요청으로 아침 연습게임을 없앴다. 그리고 주장은 식당에서 22명의 선수들이 밥을 다 먹을 때까지 2시간을 앉아 있었다. 주장은 선수들과 이야기도 하고 이야기도 많이 들었다. 허 감독이 주장의 의견을 무시하고 어제의 패배를 곱씹으며 2시간을 연습했다면 며칠 후에 있었던 나이지리아전에서 과연 극적으로 비길 수 있었을까?

대화의 1·2·3 법칙이 있다. 1번 말하고, 2번 듣고, 3번 호응하라는 것이다. 전직 씨름선수이자 개그맨인 강호동 씨가 출연자와 말할 때 그 큰 얼굴을 끄떡이고, 탄성을 발하고, 온몸으로 호응하는 모습은 한결같다. 그의 반응이 다소 호들갑스럽다거나 과장되어 보일 때도 있지만 그는 시종일관 경청한다. 그가 잘 듣는 이유는 바로 정곡을 찌르는 질문을 해서 듣고 싶은 사연을 듣거나 출연자의 마음속에 있는 것을 끌어내기 위해서 일 것이다.

많은 리더들은 잘 듣는 것 같으나 마음속으로 자신의 생각을 고집하느라 부하의 말을 듣지 못한다. '이 말이 끝나면 얼른 내가 준비해 온 걸 말해야지'라는 비장한 각오로, '(산전수전 다 겪은 나한테는) 어차피 빤한 어려움이나 일반적인 고충이니까, 이제 그만 빨리' 하면서 마쳐주기를 바라는 마음으로 참고 있다. 마음을 열지 않고, 귀를 열지 않고, 눈을 열지 않고 듣는 흉내만을 내고 있는 것이다. 왜냐하면 요즘 대세가 경청이고 배려라고 하니까(하긴 듣는 방법을 모르는 때문일 수도 있다). 리더는 온몸으로 커뮤니케이션을 하는 존재이다. 그래서 부하가 말할 때는 먼저 귀로 듣고, 그의 표정, 제스처, 눈빛, 목소리 등 모든 것을 눈으로 듣고, 마지막으로 마음으로 상대방의 입장을 고려하는 역지사지의 자세로 들어야 한다.

올바른 피드백

리더십 IQ의 에밋 머피Emmet Murphy 박사가 2010년 미국 및 캐나다의 기업종사자 3,611명을 대상으로 한 연구결과가 흥미롭다. 대상자의 67%는 긍정적 피드백을 받지 못한다, 51%는 건설적인 비판을 못 받는다, 53%는 상사의 피드백 수준이 낮고 효과가 없다, 65%는 상사가 하는 비판에 문제를 해결하거나 행동을 수정할 수 있는 정보가 없이 공허하다 등이 주 내용이었다. 그 이유는 리더들이 올바른 피드백 방법을 몰라서라고 생각한다. 비효과적인 피드백의 주된 원인은 리더가 피드백을 한다고는 하지만 부하의 행동에 대해서 감정적으로 판단하는 발언을 하기 때문이다.

일반적으로 사람들은 대상자를 심리학적으로 분석하고 추측하면서 스스로 피드백을 잘 한다고 생각한다. 그러나 효과적인 피드백은 행동이 발발한 장소나 시기, 관찰한 행동, 그리고 그 행동을 보고 느낀 것을 말로 표현하는 것이다. 예를 들어 며칠 전 회의시간에 의자를 뒤로 빼고 앉아 있었던 부하에게 피드백을 하면서 "자네는 내가 말하는데 태도가 그게 뭐야?"라든가, "자네는 건방져 보여"라든가 "요즘 자네 무슨 문제 있나? 왜 그렇게 피곤해 보여?"라는 피드백은 백해무익이다. 건전한 피드백은 "이번 주 월요일 주간업무 회의시간에 내가 말을 하는 동안 자네가 의자를 빼고 앉아 있던 걸 보았네. 나는 기분이 좀 당황스러웠었네"라고 구체적인 장소나 시간, 직접 본 부하의 행동, 그리고 '내'가 느꼈던 느낌을 말하는 것이다. "(그런 행동을 보니) '자네(You)'가 날 무시하는 거라고 느꼈네"가 아니고 "'내(I)'가 무시당한 느낌이 들었다"라고 말하는 소위 'I-메시지'기법이 효과적이다. 감정을 배제한 행동에 대한 간략한 피드백은 추측이나 판단으로 서로 간의 소모적인 감정적 대립을 배재하도록 도와준다.

머피 박사의 저서 『How Boss Me Around』에서 그는 21세기의 '영리한' 부하들은 칭찬일색의 내용 없는 사탕발림용 피드백이 아니라 자신의 부족한 행동을 개선해주고 성과를 높일 수 있는 피드백을 원하며, 궁극적으로는 이를 기반으로 자신을 코칭해주고 개발해주는 리더를 원한다고 주장한다. 특히 사탕발림이나 억지칭찬용 피드백은 신뢰를 깎아먹는 결과를 낳아서 안 하느니만 못하다고 하니 유념해야 하겠다.

위인이나 성공한 사람들을 보면 그들의 리더십은 한마디로 멋지다. 때로는 전설처럼 치장이 되기도 하고 과장이 되기도 한다. 말로 그들의 리더십을 이야기하고 토론하기는 쉽다. 과학적으로 이렇게 하면 잘하는 것이라는 것을 이미 너무도 잘 알기 때문에 다른 사람의 리더십을 분석하고 잘했나, 못했나 하기도 쉽다.

리딩 파워 (Leading Power)_사람을 이끄는 진정한 리더 이야기

그런데 이런 리더십을 실행에 옮기는 것은 결코 쉽지 않다. 예를 들어 훌륭한 리더십 교육을 받거나 신선한 충격을 받고는 한 번 정도 시도하다가 머쓱하거나 어색하거나, 혹은 "에이, 그냥 하던 대로 하고 살자. 불편해서 원!" 이렇게 되기도 한다. 또는 "왜 우리는 윗분한테 치이고 깨지고 하면서 부하들 눈치까지 봐야 하고 지금 내 신세가 갑갑하다. 언제 기다리고 언제 질문을 해서 '너 스스로에게 답이 있다'라는 걸 깨닫게 할 것인가. 시간도 없고 할 일이 태산인데 무슨 코칭을 하는가, 그냥 시키고 말지"라고도 생각할 것이다. 현장 리더의 리얼한 애환이라고 할까.

위에서 언급한 모든 역량을 다 갖추기는 힘들지라도 다만 한두 가지 역량만 가지려고 노력한다면 리더로서의 치명적인 실패는 하지 않을 것이다. 리더, 특히 '진짜 리더'가 되기는 만만치가 않다. 그래서 더더욱 '진짜 리더'가 절실한 때가 아닌가 싶다.

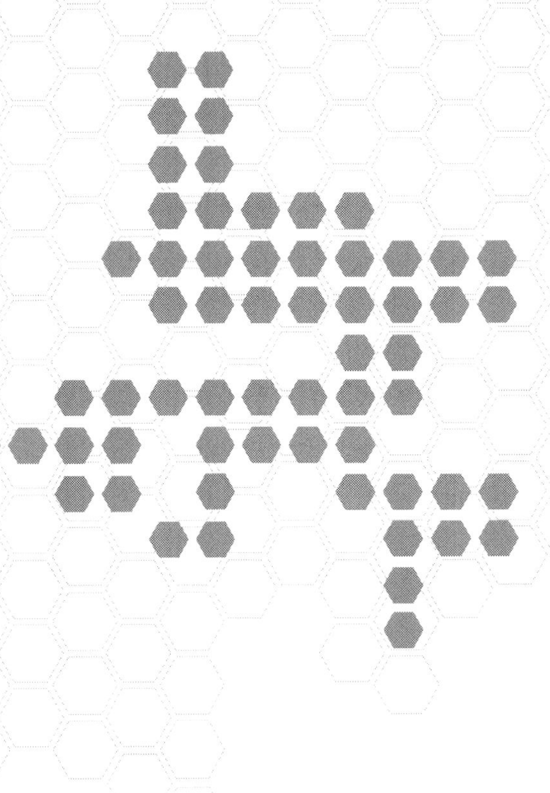

리더십 교육, 리더로서의 뿌리와 DNA를 찾아서

자아성찰을 통한 리더십 계발

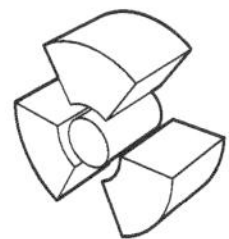

리더십 교육의 현실

현재 우리나라는 유치원부터 대학까지 리더십 교육의 중요성이 대두되면서 학교 스카우트 활동, 지역사회 스포츠 센터의 특강, 학교 앞 웅변학원, 국내 유수대학교, 영어전문학원, 또는 리더십 교육기관, 더 나아가 외국대학에서의 리더십 연수 프로그램 등 소비자 요구에 부응하는 다양한 육성 인프라가 잘 구축되어 있다. 모두가 리더십을 부르짖는다. 과거의 리더십 영역이 정치인, 경제인, 경영자라는 한정적인 수준이었다면, 요즘은 피겨스케이트 선수, 재즈 연주자, 개그맨과 연예인, 방송국 PD, 오케스트라 지휘자 등 리더십 영역에 한계가 없어졌다(감히 단언컨대, 정치·경제·사회·문화·종교·예술 등 리더십에 관한 관심과 연구는 끝나지 않을 것이다. 왜냐하면 인류의 탄생과 함께 존재한 것이 리더십이다. 기원전 2500년의 동굴벽화에 리더십, 부하, 상사라는 상형문자가 있다는 사실은 2명 이상의 사람만 있다면 리더십은 인류의 영원한 주제가 될 수 있음을 의미한다).

영리조직 또는 기업의 리더십 교육은 첫째, 평생학습인의 리더십 개발과 성장을 지원하기 위해 다양하고 흥미로운 교육 콘텐츠를 제공하는 것이 목적이다. 국내의 리더십 교육기관들은 철저한 사전·사후 관리 및 경쟁력 있는 교육서비스 인프라를 구축하여 고객별 맞춤형 토털솔루션 서비스를 운영하고 있다. 프레젠테이션, 퍼실리테이션, 전략적 커뮤니케이션 등 직무 스킬이나 어학을 포함, 관련 분야의 다양한 자격증 취득을 위해 교육을 수강하는 경우 입과자의 목적은 명료하다. 바로 직무 스킬 또는 업무능력을 향상시키거나 자격증을 취득하는 것이다.

그런데 리더십 교육의 경우는 이야기가 좀 다르다. 기업의 리더십 교육은 대체로 인사교육담당자 혹은 경영층이 리더십 교육의 주제나 방향을 결정하여 단체로 입과하거나 본인이 직접 선택해서 개별적으로 입과하기도 한다. 전자의 경우는 리더십 교육의 주제는 대체로 몇 개로 정해지기 때문에 교육목적은 집단적이며 일관적이다. 그런데 후자의 경우 입과자들의 목적은 통일되지 않을 뿐더러 개별적이고 때로는 추상적일 경우가 있다. 예를 들어 갈등의 개념, 갈등 관리방법, 강의 및 사례를 통한 워크숍이라는 모듈로 구성된 〈갈등관리〉라는 1일짜리 교

리딩 파워(Leading Power)_사람을 이끄는 진정한 리더 이야기

육프로그램이 있다고 치자. 어떤 이는 갈등의 정의를 확실히 듣고 가는 것만이 목적이기도 하고 또 어떤 이는 상호작용이 활발한 실습과 워크숍을 해보는 것 자체가 목적이기도 하다.

이와 같이 오프라인 집합과정을 수강하러 모인 수십 명의 입과자들조차 리더십에 대한 생각과 정의가 각각 다르고 리더로서 계발하고자 하는 역량도 다르다. 뿐만 아니라 리더십 교육의 중요성, 니즈, 그리고 인식도 제각기 다르다. 중요성과 니즈가 어느 정도이냐에 따라 개인별 리더십 교육에 대한 인식과 기대치도 다르게 된다. 이것은 다시 말하면 현재 자신이 아는 만큼, 그리고 필요한 만큼만 리더십 교육의 가치를 인식할 수 있다는 것을 의미한다.

리더십 집합교육의 이슈

우선 우리나라 리더십 교육시장을 보면 우수한 교육기관에서 직접 기획·개발한 우수한 프로그램들도 많지만 정체성이 모호한 교육프로그램들도 있음을 알 수 있다. 세계적인 프로그램의 프레임과 콘텐츠를 조금씩 베낀 프로그램도 보인다. 수십 년간 연구된 노하우가 담긴 세계적 수준의 진단지를 간단한 체크리스트로 만들어서 교육하거나, 아예 복사해서 마구 사용하기도 한다. 세계적으로 유명한 한 성격유형 진단 및 연구소의 웹사이트에는 한국의 모 리더십 교육기관의 저작권 위반사례를 통해 자사의 진단지를 함부로 카피해서 사용하지 말 것을 친절하게 경고하고 있다. 타인의 지적 재산은 정당한 가격을 지불하고 사용해야 할 것이다. 그것부터가 진정한 리더십 교육의 시작이지 않을까? 지적 재산권에 대한 법적인 문제가 사회 이슈라고는 하지만 아직도 유교 문화적 영향으로 '내 것이 네 것이고, 네 것이 내 것이다'라는 집단적 도덕적 해이로 인한 이와 같은 심각한 표절은 하루 빨리 근절되어야 한다. 타인의 저작권을 보장해 줘야 나의 저작권이 보호받을 수 있음을 기억해야 한다.

둘째, 고객 중심 또는 시장 니즈에 맞는 내용으로 구성된 좋은 프로그램이 있지만 교육기관의 리더십 교육철학이 의심되는 교육 상품들이 우후죽순처럼 시장에 섞여 있다. 예를 들어 관리적 차원의 직무관련 스킬을 리더십 역량이라고 우겨서 넣는가 하면, 기본적인 리더십에 대한 지식과 이론은 무시하고 테크닉만 강조하는 프로그램도 있다. 이보다 더 당황스럽고 통탄할 일은 닭과 달걀의 순서를 논하기는커녕, 닭의 알을 가지고 와서 독수리 알이라고 우기는 듯한 도무지 근거를 찾을 수 없는 교육 프로그램도 종종 보인다는 것이다. 이런 상황은 매우 위험함에도 불구하고 리더십 교육 관련자들이 지각하지 못하고 있는 것인지, 알면서도 암묵적으로 동조하는 것인지, 아니면 사회적으로 용인되고 묵인되는 것인지는 분명하지 않다. 이럴 경우에는 비용을 지불하고서라도 리더십 전문가나 리더십 학자들에게 반드

리딩 파워(Leading Power)_사람을 이끄는 진정한 리더 이야기

시 자문을 구하고 그들의 의견을 반영해서 수정, 보완하는 것이 바람직하다.

    셋째, 리더십 역량과 하위요인의 억지스러운 조합에 관한 문제이다. 리더십 전문컨설턴트로 다양한 고객사와 리더십 교육컨설팅을 하면 각 사별 계층별 리더십 교육에서의 계층역량을 구분하는 기준이 너무 실용적으로, 간단하게 바뀔 수 있다는 것을 경험하게 된다. 리더십 교육주제는 그 조직이 당면한 이슈, 조직의 철학과 모토, CEO의 경영철학, 교육을 담당하는 인사교육담당자의 의사 등 조직을 둘러싼 환경에 매우 민감하게 결정된다. 또한 리더십 교육의 계층은 대부분 임원, 팀장, 핵심인재, 차세대 리더, 부장·차장·과장·대리, 승격 또는 승진자 등으로 구분되는데 리더십 교육의 주제 또는 키워드는 계층별로 다른 것이 일반적이다. 하지만 요구되는 계층별 역량이라고 하는 것이 실제로는 A, B, C사에서 모두 조금씩 달라지기도 한다. 그런데 하위 역량요인이나 구성요인이 리더십 이론과는 전혀 별개로 임의로 맵핑을 요구하는 고객을 가끔 만나게 된다. 매우 당황스럽고 곤혹스러운 순간이다. 이럴 때일수록 이론적 근거가 없거나 고객사의 임의적 판단으로 인한 요구사항에 대해서는 동의하지 말고 컨설턴트가 연구자와 컨설턴트로서의 양심을 걸고 끝까지 설득하면서 각 역량요인에 대한 근거자료를 확보하고 이론적인 배경을 설명할 수 있어야 한다.

넷째, 최저가격, 최고내용, 교육 후 성과와 직결되는 리더십 교육의 즉각적인 효과를 갈망하는 고객의 이슈가 있다. 대체로 리더십 교육대상이 상위계층일수록 1인당 교육비용은 높아지고 강사 1인당 교육생 비율은 적어지기 마련이다. 고객사가 확보한 교육투자비용에 따라 리더십 교육을 덤핑으로 해달라는 요청이 발생하는데 한 가지 분명한 것은 교육설계와 컨설팅 요청수준이 바로 고객사의 CEO 또는 교육총괄담당자의 철학과 수준을 가늠하는 잣대가 된다는 것이다. 리더십 교육이 터무니없이 비싸거나 럭셔리할 필요는 없지만 수백 명이 1회의 특강(일방적인 강의형태)으로 한꺼번에 그 많은 참석자가 효과적이고도 훌륭한 리더가 될 것이라고 기대하지는 않을 것이다. 그럼에도 불구하고 리더십 교육비를 투자가 아닌 비용으로 생각하고 무조건 싸고 저렴하게 해치우려는 듯한 니즈가 시장에는 항상 존재한다. 참으로 안타까운 현실이 아닐 수 없다. 리더십 교육을 마치 마술이나 압력밥솥의 쾌속취사버튼이라고 생각하는 교육담당자 혹은 상위의사결정자들의 마인드 셋은 리더십 교육담당자가 가장 경계해야 할 부분이다. 리더십 교육은 한탕에 이득을 보려는 투기가 아니라 장기적 차원의 투자라는 관점에서 접근해야만 한다. 리더십의 궁극적인 목표가 인재육성을 통한 개인 및 조직의 성과창출이라고 한다면 장기적, 정기적인 투자 없이는 불가능하기 때문이다. '인재(人材)'의 한문을 보면 사람(人)자와 나무(木)를 잘라내어(才) 합한다는 '재목' 또는 사람의 소질이나 재능을 뜻하는 재(材)로 이루어져 있다. 따라서 인재를 육성하면서 성과를 내는 리더십을 교육하는 것은 거시적 관점에서의 노력과 끊임없는 도전이라는 프로세스적 관점으로 접근하는 것이 바람직하다.

이제까지 우리나라의 기업 리더십 교육 이슈를 살펴보았다. 그렇다면 효과적인 리더십 교육은 과연 어떤 것일까? 리더십은 단기간에 역량 중심의 교육도 효과적일 수 있겠으나 보다 근본적으로는 자기인식과 자기성찰을 통한 리더십 교육이야말로 리더로서의 태도와 행동에 긍정적인 변화를 이끌어낼 수 있는 혁신적인 방법이라고 생각한다.

혹자는 '성찰은 집에서도 한다. 산에 가서도 할 수 있으니 비싼 교육비를 내고 성찰만 하라고 하는 교육은 낭비다'라고도 한다. 그러나 조직에서 상위계층 혹은 그 분야에서 리더의 위치에 오르기까지 앞만 보고 달려온 분들에게는 자기 인식이나 자기성찰을 통한 리더십 교육이야말로 매우 효과적인 개발이라는 것을 교육담당자로서 직접 경험할 수 있었다.

독일 머크Merck사에는 "자신을 아는 것, 사람을 아는 것, 비즈니스를 아는 것 중 리더들은 '사람'을 아는 것에 집중해야 한다"라는 리더십 교육철학이 있다. '사람'을 알고 이해하며 목표를 달성하기 위해 사람들을 한 방향으로 이끄는 리더가 '사람'을 알기 위해서 선행되어야 하는 것이 바로 리더 '자신'을 아는 것이라고 생각된다. "리더 자신이 무엇을 모르는지 모르면 성장할 수 없다"라는 존 맥스웰John Maxwell의 말처럼 리더십에서는 자신을 철저하고 객관적으로 성찰한 후 남을 이끄는 방법을 배우는 것이 순리이며 효과적일 것이다. 효과적인 리더십 스킬 및 역량교육을 수료해서 스킬과 역량을 올린다고 진정한 리더가 되는 것은 아니다. 뿌리의 상태가 어떤지, 화분에 들어있는 흙은 어떤지도 모른 채 영양제 주사를 놓고 가지를 쳐준다고 건강한 과실을 많이 맺는 나무로 성장할까? 차라리 리더로서 나의 현재 상태를 진단하고(예를 들어 내가 어떤 성향인지, 어떤 특징을 가지고 있는지, 어떤 행동패턴 또는 스타일인지를 진단) 객관적이며 철저하게 구성된 모듈을 통해 이해할 수 있게 된다면 가장 강력한 리더십계발의 동기부여와 모멘텀이 될 것이다. 더 나아가서는 양질의 리더십 교육 자체가 리더로서의 성공뿐만 아니라 삶의 터닝포인트가 될 수도 있다.

스탠퍼드 대학, 예일 대학 로스쿨을 졸업하고 구글, 맥킨지, 미국 의회, 오바마 캠프에서도 활약했고 2010년 현재 워싱턴 DC 연방통신위원회부국장으로 있는 권율 씨의 인터뷰 내용을 살펴보자(참고로 그는 2006년 12월 뉴질랜드 쿡 아일랜드 섬을 배경으로 미국 CBS방송국이 제작한 "Survival Show서바이벌 쇼"에서 100만 불의 상금을 거머쥔 우승자이다).

"지혜, 자신감, 성숙함, 결단력, 강인함, 카리스마. 리더들이 공통적으로

리딩 파워(Leading Power)_사람을 이끄는 진정한 리더 이야기

가지고 있는 요소다. 그러나 잘 알려지지 않은 두 가지가 있다. 첫째로 철저한 자기인식이다. 나는 훌륭한 리더들에게서 예외 없이 끊임없는 자기 평가와 자기 개선노력을 지켜봤다. 둘째로 사람에 대한 따뜻한 이해심이다. 나는 매우 똑똑하고 야심찬 사람을 많이 만났다. 그러나 진정한 리더는 여기에 그치지 않고 사람들의 마음을 이해하고 그들을 북돋워주는 능력이 있었다."

목표가 있고, 목표를 달성하기 위한 장비, 사람, 업무가 있다면 가장 시급하고도 중요한 일은 바로 그 목표를 달성하도록 이끌어가야 할 리더인 '내'가 누구인가를 알고 '타인'을 알고 배려하며 함께 나아가는 것이리라. 리더십 교육이 리더인 당신의 '뿌리와 DNA'를 탐험하는 여행이라면, 이 얼마나 멋지고도 매력적인 여정이 될 것인가? 지금 이 글을 여기까지 다 읽으셨다면 그 아름다운 여정을 함께 할 리더십 교육을 찾아보고 그것에 도전해 보면 어떻겠는가?

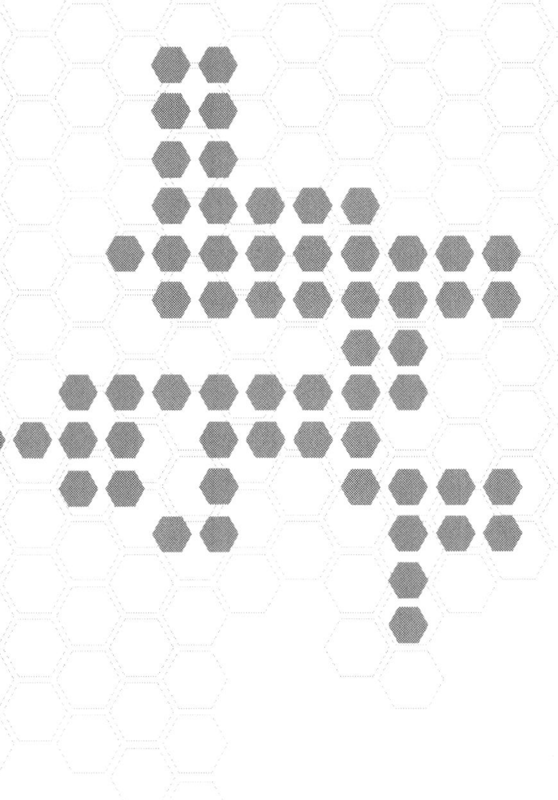

효과적인 리더십 교육

이 세상에서 가장 흥미롭고도 소중한 '나'를 찾아가는 자아성찰의 여정

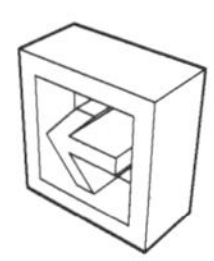

"자기존중, 자기이해, 자기통제, 이 세 가지 요소만 갖추면 최고 권좌에 오를 수 있다."

– 알프레드 테니슨

최근 세계는 유례없는 금융위기에 처해 있다. 국내의 경우 1998년 11월 외환위기에 이어 최악의 경제불황을 겪고 있다. 이런 상황일수록 사람들은 기업과 국가의 성장을 이끌어내어 위기를 극복해낼 수 있는 능력 있는 '리더'를 소망하게 된다. 불확실성과 위험이 커질수록 뛰어난 지도자와 영웅을 바라게 되는데 이는 리더에 대한 막연한 기대나 로망이기도 하지만 위기가 곧 더 나은 리더를 양성할 수 있는 기회임을 경험적으로, 그리고 역사적으로 충분히 경험한 까닭이다.

이순신, 넬슨 만델라, 윈스턴 처칠, 프랭클린 루스벨트, 아브라함

링컨, 잭 웰치, 카를로스 곤 등은 동서양을 막론하고 국가적 혹은 기업 조직의 위기 때마다 구성원들을 단합시키고 난관을 헤쳐 나갈 수 있도록 이끄는 위대한 리더들이다.

40년간의 역사와 전통을 자랑하는 세계적인 리더십 연구기관인 '창조적 리더십 센터Center for Creative Leadership'에서는 현재와 같은 위기상황하에서는 리더십 교육에서 가치를 두고 중점적으로 강조할 것이 스킬이나 테크닉이 아니라 리더와 구성원의 자아인식을 통한 자아성찰이 선행되어야 한다고 주장한다. '창조적 리더십 센터'사는 영국 〈파이낸셜타임스〉사가 선정한 2010년 글로벌 Top 10 리더십 교육기관 중 3위에 오른 전문 리더십 교육기관으로서 콜로라도, 샌디에이고, 브뤼셀, 싱가포르 등 4개의 글로벌 캠퍼스를 가지고 있으며 지금까지 연간 2만 명, 총 40만 명 이상의 교육생을 배출하고 있다(참고로 〈포춘〉지 선정 100대 기업 중 3분의 2 이상의 세계적인 기업들이 '창조적 리더십 센터'사의 리더십 프로그램을 도입하고 있다).

그렇다면 자아인식은 무엇인가? 원래 자아인식은 자아통제, 모티베이션, 동정심, 사회적 스킬 등과 같은 감정적 지능에 속하는데 자신의 존재, 재능, 강점, 목적의식, 핵심가치, 신념, 욕구 등을 잘 이해하는 것을 말한다. 자아인식이 강한 사람은 지나치게 비판적이거나 비현실

리딩 파워(Leading Power)_사람을 이끄는 진정한 리더 이야기

적으로 희망적이지도 않으며, 자신이나 타인에 대해서 정직하기 때문에 좋은 리더가 될 가능성이 높다. 자아인식의 방법에는 성격테스트, 자기 발견을 위한 워크숍 그리고 공식적으로 동료 등에게서 360도 평가를 요청해서 받거나, 비공식적으로 자신에 대해서 어떻게 생각하는지 물어보는 방법이 있다.

그렇다면 자아성찰 또는 자아통찰은 무엇인가? 자아를 인식하는 데서 비롯되는 자아성찰은 자신의 언행을 돌이켜 살펴보는 것을 뜻하며 자아통찰은 자신을 꽤 뚫어보거나 전체적으로 훤하게 내다보는 것을 말한다.

오늘날과 같은 위기의 시대에는 특히 리더의 유연성, 창의성, 감성 등이 중요하지만 효과적인 리더에게는 자신의 강점과 단점을 인식하고 자신의 어떤 점이 사람들에게 동기부여를 하는지, 리더로서 자질을 갖추고 있는지, 어떤 리더십 역량을 강화해야 하는지를 꿰뚫어보는 진지한 자아성찰의 시간이 필요하다. 세계적인 석학 피터 드러커Peter Drucker도 '성공적인 리더가 되기 위해서는 자신을 파악하라'고 주장하는데, 자신을 보다 잘 알기 위한 탐색은 효과적인 리더십에 있어서 가장 핵심적인 요소이기 때문이다. 높은 성과에 대한 부담감, 솔직한 비판을 듣기 어려운 현실, 그리고 조직에서의 직책상 약점을 시정하기 어려운 리더들은 자신의 모습을 되돌아보고 미래의 비전을 구축하여 향후 리더십의 변화를 이끌어낼 수 있는 자아성찰의 역량이 무엇보다도 가장 중요함을 잊지 말아야 한다.

2000년대 초반까지 국내 리더십 교육 시장에서는 리더의 스킬이나 역량을 강화하거나 양적 리더십 개발에 초점을 맞춘 프로그램이 주류를 이루었다. 그러나 리더들로 하여금 보다 융통성 있고 창의적이며 높은 성과달성을 요구하는 변화의 시대인 최근에 들어 자신을 보다 잘 아는 것이 리더십 개발의 필수적인 요소로 급부상하고 있다. 즉 리더의 자기성찰을 위한 고급형 리더십 개발 니즈 트렌드가 점점 증가하고 있는 것이다.

박태환 선수가 물속에서 하루 16시간씩 근력을 단련하고, 이승엽 선수가 하루에 2천 개의 타격훈련을 하듯이, 플라시도 도밍고가 악보를 펴고 끊임없이 오페라 연습을 했듯이, 리더들도 자신의 강점을 유지하고 약한 점을 보완하는 것을 반복하면 리더십이 근육처럼 단단해진다. 조직 구성원의 리더십을 길러주고 싶다면 획일적인 리더십 교육이 아니라 우선 그 사람을 정확히 진단, 평가해서 자아인식을 한 후 문제점과 목표를 제시해서 도전하게 하고 격려해 주는 교육방법이 바람직할 것이다.

예를 들어 전반적으로 '당신은 리더로서 자신의 모습에 대해 잘 알고 있습니까', '당신의 행동이 다른 사람에게 미치는 영향을 잘 알고 있

리딩 파워(Leading Power)_사람을 이끄는 진정한 리더 이야기

습니까'에 대한 근본적인 질문에 답하기 위한 것으로 교육을 시작하는 것이 좋다. 다양한 진단도구 활용 및 조별 활동을 통해서 철저한 자아성찰 및 통찰 경험을 제공할 뿐만 아니라 자기 자신 및 대인관계 등에 관한 다각적이고 깊이 있는 이해 및 실천 관련 팁을 제공해주는 것이 효과적이다. 결국 리더십 교육대상자가 기꺼이 리스크를 감수하고 실행으로 옮길 수 있는 편안하고 안전한 교육환경을 만들어줌으로써, 실패를 두려워하지 않고 철저히 자신과 타인에 대해서 성찰한 것을 바탕으로 자신의 리더십 역량을 강화하도록 만드는 것이 가장 바람직한 리더십 교육이라고 볼 수 있다.

이러한 자아성찰의 교육과정을 수료하고 난 후에는 교육생들이 자신과 타인, 그리고 조직에 대해서 더 잘 이해할 수 있게 된다. 즉 자신도 모르던 자신의 모습을 깊이 되돌아보고, 자신과 다른 타인이 틀리고 나쁜 것이 아니라 다르다는 것을 이해하고 인식하고 받아들이는 것, 그리고 나서 조직 내 리더로서 향후 발전을 위한 계획 수립을 하는 것이 진정한 리더십 교육이라고 하겠다.

"경영 실적이 좋으면 교육에 2배를 투자해라. 경영 실적이 안 좋고 어려우면 교육에 4배로 투자를 늘려라"라는 톰 피터스Tom Peters의 주장에도 불구하고, 국내 기업들은 채용 규모를 축소하고 직원 교육도 무기한 연기하고 있다. 그러나 과거 외환위기 당시 국내에서 대규모 감원과 구조조정을 경험했던 대기업 인사책임자들은 불황을 이겨낼 방법은 교육과 인재육성이라고 한결같이 주장한다. 지난 1992년과 1994년 경기 침체 때 다른 회사들이 교육비를 줄이고 있을 때, 새로운 비즈니스 모델과 능력 있는 직원들을 확보하기 위하여 임직원 교육과 훈련 투자비를 더 증가했던 회사가 있다. 바로 영국의 금융회사 로이드 TSB그룹과 홍콩상하이은행HSBC인데 이 회사들은 위기상황에서 오히려 적극적으로 교육에 투자하고 인재를 육성한 결과, 영국 〈파이낸셜 타임스〉가 "로이드나 HSBC가 보여준 것처럼 금융위기 속에서도 장기적 관점에서 꾸준히 사람에 투자한 기업들이 성공할 것"이라고 보도할 정도로 위기를 성공으로 바꾼 대표적 기업이 되었다.

이러한 사례에서 알 수 있듯이 현재의 위협이나 위기의 환경상황이 미래에는 기회가 될 수 있기 때문에 보다 효율적인 조직의 성과를 창출하기 위해서는 섣부른 비용축소, 감원, 조직개편 등이 아닌 구성원 교육에 더욱 집중해야 한다. 만약 조직을 이끌어가는 리더(잠재적 리더 포함)와 구성원 모두에게 역량이나 스킬만을 강조하는 교육이 아니라 구성원 모두가 진실로 자신을 벽을 허물고, 진실하게 진단하고, 적극적으로 탐험하고, 자신을 알게 됨으로써 더 높이 도약할 수 있도록 자기성찰의 리더십 교육을 제공한다면 분명 그 조직은 미래의 더 큰 성공을 누릴 수 있을 것이다. 철저한 자기인식과 자기성찰 기반의 리더십 프로그램을 통하여 '지금 현재, 내가(우리가) 어떤 모습인지, 어디에 와 있는지, 어디로 가야 하는지'에 대한 성찰의 시간을 갖는다면 그 자체가 미래의 더 높은 도약을 위한 주춧돌이 될 것이다.

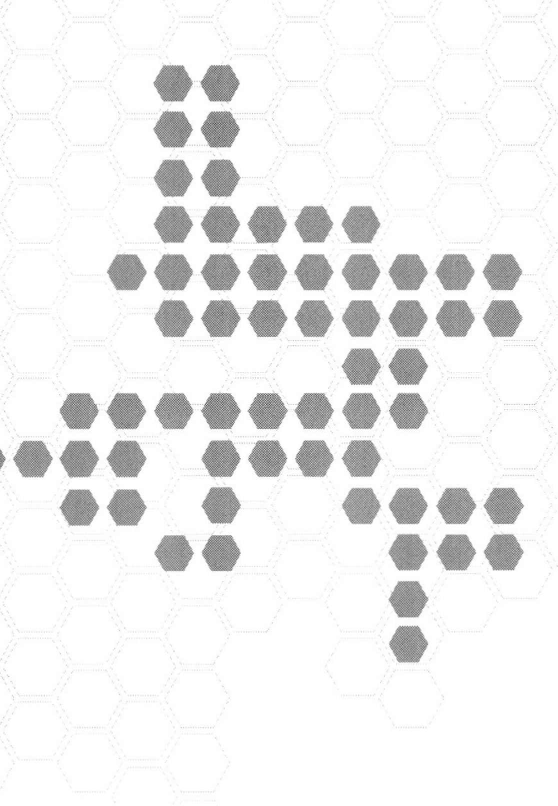

16장

리더^{leader}와 리더의 팔로워^{follower}

"모두가 리더이면서 팔로워이다. 주어진 상황에서 리드하는 게 공동의 목표달성에 더 이로운지 아니면 팔로 하는 게 더 나은지를 선택해야 한다. 정해진 보스는 더 이상 존재하지 않는다."

— 어윈 제이콥스Irwin Jacobs 퀄컴 CEO

인류가 지구에 존재하는 순간부터 현재까지 조직성과의 극대화는 인간이 만든 모든 조직체의 목적이며 존재 이유이다. 다양한 배경의 구성원들로 이루어진 조직은 목표달성에 필요한 효율적인 상호작용과 협동적인 활동으로 성장하고 생존한다. 따라서 한 치 앞을 예측할 수 없는 불확실성과 무한경쟁하의 21세기 조직들은 구성원에게 최적의 영향력을 발휘함으로써 조직의 목표를 극대화할 수 있는 효과적인 리더십을 갈망하고 있다. 이러한 이유로 리더십은 현대 사회과학 분야에서 최근 수십 년간 가장 활발하게 연구되고 있다.

그러나 좋은 리더만 있으면 조직이 성과를 올릴 수 있다거나 리더십만이 조직의 성패를 좌우한다고 말할 수는 없다. 왜냐하면 리더 없는 팔로워는 있으나 팔로워 없는 리더는 존재할 수 없기 때문이다. 훌륭한 리더가 되기 위해서는 반드시 좋은 팔로워가 필요함에도 불구하고 리더십 분야에서 조직구성원의 잠재적 가치와 중요성은 리더의 그것에 비해서 대부분 평가절하되었음을 부인할 수가 없다.

팔로워Follower의 개념

조직성과에 영향을 미치는 리더십 관련 요인들 중에는 리더(리더의 특질과 행동), 조직을 둘러싼 환경과 직무(상황), 구성원(팔로워) 등이 있다. 이들 중 무엇보다도 가장 중요한 요인은 조직의 구성원인 동시에 리더의 동반자인 팔로워라고 할 수 있다. 그렇다면 팔로워는 누구인가?

서구에서는 산업혁명으로 인하여 20세기 초부터 경영에 대한 관심이 증가하고 이에 따라 리더십에 대한 본격적인 연구가 진행되었는데 리더와 팔로워의 관계가 '상사—부하'라는 종속관계의 개념이 자리 잡게 된 것은 약 100년 정도밖에 되지 않는다.

원래 팔로워는 '돕다, 후원하다, 공헌하다'라는 뜻의 독일어 'Follaziohan'에서 유래되었다. 이에 반해 리더Leader라는 말의 독일어는 '참다, 고통 받다, 견디다'라는 의미의 단어에서 유래되었다. 따라서 이 두 단어를 어원으로 풀이해 보면, 팔로워는 '남의 도움을 필요로 하는 참고 견디는 자(리더)를 돕는 존재'로서, 리더와 팔로워 사이의 관계는 원래 평등했던 것으로 이해할 수 있다. 그러나 이러한 평등관계는 적자생존의 논리가 사회를 지배하기 시작한 근대에 들어오면서 점차 균열이 생겨, 리더는 승자, 팔로워는 패자로서 상하관계상의 부하 subordinate라는 관념으로 인식되었다.

팔로워십Followership 이론의 발전

경영학의 흐름에 따라 진화된 구성원(팔로워)에 대한 인식은 다음과 같다. 먼저 1910년대 미국의 프레데릭 테일러Frederick Taylor의 과학적 관리법 시대에서는 구성원을 기계의 부속품으로 취급하며 구성원이 가지고 있는 일체의 감정과 정서를 고려하지 않았다. 1920년대 프랑스의 앙리 파욜Heny Fayol의 일반관리론General and Industrial Administration과 1930년대 독일의 막스 베버Max Weber의 관료제론Bureaucracy에서도 구성원에 대한 정서적, 감정적인 면은 배제한 채 구성원을 인간 자체로서의 존재로 인식하지 않았다.

1950년대에 들어서면서 비로소 구성원의 경제적 욕구 및 사회적 욕구충족을 중시한 미국의 인간관계론Human Relations과 구성원의 행동을 본격적으로 연구하는 행동과학Behavioral Science의 발달로 인해 조직의 구성원에 대한 전반적인 인식이 변화하기 시작했다. 1970년대 시스템 이론과 상황이론에서 구성원에 대하여 관심을 보였지만, 구성원은 아직까지 상황요인의 한 부분으로만 인식되었다. 예를 들어 VDL^{Vertical Dyadic Linkage} 이론에서 발전된 LMX^{Leader-Member Exchange} 이론의 경우 리더와 구성원이 어떻게 충성과 보상을 매개로 각기 다른 관계를 형성해 나가는가를 다루었을 뿐 구성원이 리더십에 미치는 주도적인 영향력에 대해서는 연구가 이루어지지 않았다.

1990년대부터 실제적으로 리더와 팔로워는 별도의 역할을 가지고 있으며, 특히 조직이 큰 성과를 올리기 위해서는 리더와 팔로워 양쪽 다 최고의 기량을 발휘하도록 해야 한다는 로버트 켈리^{Robert Kelley}의 팔로워십 이론이 등장하였다. 이 이론은 지금까지 리더 입장에서 다루던 리더십의 문제들을 팔로워 입장에서 해결하려는 시도였으며, 전체 조직성과에 80~90% 정도의 기여를 하고 있는 팔로워들을 제대로 육성하기 위한 최초의 연구라고 할 수 있다.

팔로워십 모델과 유형

로버트 켈리는 팔로워십 모델에서 X축은 팔로워의 자세에 대하여 수동적/적극적으로 나누었고, Y축은 팔로워의 사고방식을 의존적·무비판적/독립적·비판적으로 나눈 후 다섯 가지 유형(수동형·순응형·소외형·실무형·모범형)의 팔로워 스타일을 다음과 같이 도출하였다.

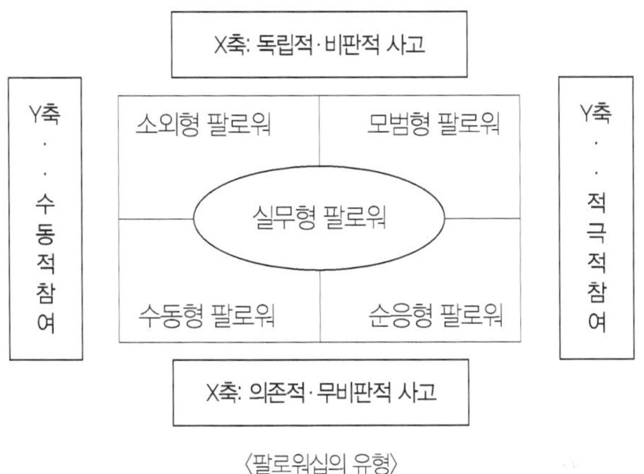

〈팔로워십의 유형〉

• 소외형 : 독립적이고 비판적인 사고는 하지만 그다지 적극적인 역할수행을 하지 않는 유형이다. 리더에 대해서 비판을 하지만 스스로 노력을 하지 않거나 불만을 품고 침묵으로 일관한다. 초기에 대부분 모범적이었다가 어떤 특별한 계기로 인해서 리더와의 관계가 악화된 경우에 이런 유형으로 나타나는데 특히 자신이 부당한 대우를 받는 희생자라고 규정하는 경향이 많다. 리더가 이들을 모범형 팔로워로 변화시키기 위해서는 이들의 독립적 비판적 사고는 유지하게 하고, 과거에 가졌던 긍정적 인식을 회복해서 자발적으로 적극 참여하도록 유도하는 것이 바람직하다.

• 순응형 : 독립적 사고를 하지 못해서 리더의 판단에 항상 지나치게 의존하는 유형이다. 전반적으로 순응하는 분위기에서 이런 유형

이 많이 나타난다. 이들을 모범형으로 만들기 위해서는 리더가 독립비판적 사고를 하도록 적극적으로 장려하고 리더로부터 스스로 독립할 수 있도록 도와주어야 한다.

• 실무형 : 별로 비판적이지 않고 시키는 일은 잘하지만 그 이상의 모험을 감수하려고 하지 않는 유형이다. 리더가 이들을 모범형으로 만들기 위해서는 우선 목표를 정하게 하고 다른 사람들의 신뢰를 회복할 수 있도록 하며 다른 사람들의 목표달성을 돕도록 이끌어주는 것이 좋다. 일반적으로 이러한 실무형이 팔로워들 중 가장 많은 비율을 차지한다.

• 수동형 : 생각도 하지 않고 참여도 하지 않는 유형으로써 모범형과 정반대의 유형이다. 책임감이 없고 솔선수범하지 않으며 어떠한 지시가 없으면 전혀 움직이지 않는 유형이다. 이런 유형에 대해서는 스포츠 게임의 관중이 아니라 게임에 참여하는 선수로서의 자세를 가질 수 있도록 리더가 적극적으로 나서서 진정한 팔로워십을 꾸준히 가르쳐 주어야 한다.

• 모범형 : 스스로 생각하고 알아서 행동할 줄 아는 유형이다. 혁신적·독창적·건설적 비판을 하며 리더의 잘못에 대해 용감하게 맞설 수 있는 역량을 가지고 있다. 자신의 일뿐만 아니라 모든 일에 적극적인 자세로 임하며 고도의 집중과 헌신을 발휘한다. 추진력과 결정적인 방법을 찾아내는 능력이 있고 자신의 가치를 높이려는 노력 등은 다른

구성원들에게 긍정적인 영향을 미치므로 이들을 지속적으로 발전·유지하는 것이 조직성과에 유리하다.

이 밖에도 리더육성에 관한 이론들 중 셀프 리더십(Manz & Sims, 1991; Manz & Neck, 1999) 이론이 있다. 이 이론에 따르면 진정한 리더란 구성원 각자로 하여금 자기가 맡은 직무에 대해서 스스로 책임을 지고 자신의 행동을 통제하고 리드하도록 지원해주며 결국 구성원들이 스스로 자신의 일을 잘 리드할 수 있는 셀프 리더가 되게 하는 리더라고 주장한다. 이 이론은 구성원들을 셀프 리더로 육성하는 수퍼 리더십 이론과 자연스럽게 연결된다. 수퍼 리더는 구성원들로 하여금 리더를 필요로 하지 않는 상태로 인도하여 리더가 없어도 자신의 역할을 대체할 수 있는 다양한 수단을 강구하도록 육성한다. 예를 들어 구성원들에게 최대한의 자율권을 부여해서 성과향상을 위한 모티베이션 수준을 올림으로써 구성원 스스로 자신을 리드하여 리더 본인은 지배자나 감독자가 아닌 코치·상담자·충고자의 역할만 하는 것이다. 이는 구성원들이 셀프 리더가 되도록 하는 데 초점을 두고 있으므로 보다 완벽한 추종자 중심의 이론이라고 볼 수 있다.

팔로워 육성의 중요성

21세기의 조직들은 구성원을 또 하나의 리더로 육성하는 리더십 교육을 절실히 필요로 하고 있다. 진정한 리더는 처음부터 타고나는 것이 아니라 환경(사람·일·조직 등)과 더불어 만들어지는 것이기 때문에 현재와 같이 치열한 경쟁상황에서는 효과적인 전사적戰士的 리더 육성교육이 어느 때보다도 조직 차원의 절실한 니즈가 되었다. "리더가 더 이상 조직을 지배할 수는 없다. 앞으로의 리더의 역할은 개개인이 조직에서 어떤 일을 해야 하는가를 스스로 깨닫게 해주고 각 분야의 전문가가 스스로 판단하고 의사결정을 하도록 유도하는 것이다"라는 피터 드러커Peter Drucker의 주장처럼 뛰어난 몇몇 사람의 리더에 의존하는 구시대적인 관점이 아니라 새로운 리더를 끊임없이 키워내는 창조적 리더 육성이 절실한 시점이다. 이에 영리 및 비영리조직들은 자원·기술·지식·인재·정보통신망 등의 확보뿐만 아니라 과거 어느 때보다도 조직차원의 종합적 리더 육성교육을 위해 끊임없는 R&D와 적극적이고도 과감한 투자를 지속적으로 지원함으로써 글로벌 기업조직의 발판을 마련해야 할 것이다. 그것만이 무한경쟁시대에서 조직이 살아남을 수 있는 유일한 방법이다.

서정하

홍익대학교 경영학 석사·박사
이화여자대학교 문학사
現) 삼성SDS리더십아카데미 수석컨설턴트
　　대한리더십학회 이사
　　대한 경영컨설팅학회 이사
　　인사관리학회 이사
　　인적자원개발학회 이사
　　김구학회 감사
前) 청주대학교 경영학과 교수
　　한국기술교육대학교 겸임교수

「기독교 목회자의 리더십에 관한 경영학적 연구」
「Practical English Expressions for Executive Secretary I, II」
『한국 기독교 목회자의 리더십행위가 성도의 조직시민행동과 정통성 지각에
　미치는 영향』
『한국 벤처기업 CEO의 카리스마적 리더십행이와 구성원의 조직몰입』
『국내대학교수의 고용불안정성과 지속적 몰입에 대한 고용형태의 조절효과』
『자기희생적 리더십과 카리스마』
『국내 대학의 산학협력단장의 리더십』
『종교조직에서의 리더십과 조직몰입』
『자기희생적 리더십과 조직몰입』
외 다수

사람을 이끄는 진정한 리더 이야기

리딩 파워

초판발행	2010년 11월 10일
중　　쇄	2012년 12월 1일

지은이	서정하
펴낸이	채종준
기　획	문진현
마케팅	김봉환
아트디렉터	양은정
표지디자인	장선희

펴낸곳	한국학술정보(주)
주　소	경기도 파주시 교하읍 문발리 파주출판문화정보산업단지 513-5
전　화	031)908-3181(대표)
팩　스	031)908-3189
홈페이지	http://ebook.kstudy.com
E-mail	출판사업부　publish@kstudy.com
등　록	제일산-115호(2000. 6. 19)

ISBN	978-89-268-1679-0　03320(Paper Book)
	978-89-268-1680-6　08320(e-Book)

이담 Books 는 한국학술정보(주)의 지식실용서 브랜드입니다.